January 18, 1999

What do I consider my most important Contributions?

- That I early on—almost sixty years ago—realized that MANAGEMENT has become the constitutive organ and function of the <u>Society of Organizations</u>;

- That MANAGEMENT is not "Business Management- though it first attained attention in business- but the governing organ of ALL institutions of Modern Society;

- That I established the study of MANAGEMENT as a DISCIPLINE in its own right; and

- That I focused this discipline on People and Power; on Values; Structure and Constitution; AND ABOVE ALL ON RESPONSIBILITIES- that is focused the <u>Discipline of Management</u> on Management as a truly LIBERAL ART.

Peter F. Drucker

我认为我最重要的贡献是什么？

- 早在60年前，我就认识到管理已经成为组织社会的基本器官和功能；
- 管理不仅是"企业管理"，而且是所有现代社会机构的管理器官，尽管管理最初侧重于企业管理；
- 我创建了管理这门独立的学科；
- 我围绕着人与权力、价值观、结构和方式来研究这一学科，尤其是围绕着责任。管理学科是把管理当作一门真正的人文艺术。

彼得·德鲁克
1999年1月18日

注：资料原件打印在德鲁克先生的私人信笺上，并有德鲁克先生亲笔签名，现藏于美国德鲁克档案馆。为纪念德鲁克先生，本书特收录这一珍贵资料。本资料由德鲁克管理学专家那国毅教授提供。

彼得·德鲁克和妻子多丽丝·德鲁克

德鲁克妻子多丽丝寄语中国读者

在此谨向广大的中国读者致以我诚挚的问候。本书深入介绍了德鲁克在管理领域方面的多种理念和见解。我相信他的管理思想得以在中国广泛应用，将有赖出版及持续的教育工作，令更多人受惠于他的馈赠。

盼望本书可以激发各位对构建一个令人憧憬的美好社会的希望，并推动大家在这一过程中积极发挥领导作用，他的在天之灵定会备感欣慰。

Doris Drucker

本页照片和多丽丝寄语原文与亲笔签名由彼得·德鲁克管理学院提供

迈向经济新纪元

[美] 彼得·德鲁克 著

张慧聪 译

Toward the Next
Economics and
Other Essays

彼得·德鲁克全集

图书在版编目（CIP）数据

迈向经济新纪元/（美）彼得·德鲁克（Peter F. Drucker）著；张慧聪译. -- 北京：机械工业出版社，2020.1（2025.2重印）

（彼得·德鲁克全集）

书名原文：Toward the Next Economics and Other Essays

ISBN 978-7-111-63486-7

I. ①迈… II. ①彼… ②张… III. ①经济学 - 文集 IV. ①F0-53

中国版本图书馆CIP数据核字（2019）第262837号

北京市版权局著作权合同登记　图字：01-2019-4269号。

Peter F. Drucker.Toward the Next Economics and Other Essays.

Copyright © 2010 Harvard Business School Press.

Published by arrangement with Harvard Business School Press.

Simplified Chinese Translation Copyright © 2021 by China Machine Press. This edition is authorized for sale in the Chinese mainland (excluding Hong Kong SAR, Macao SAR and Taiwan).

No part of this book may be reproduced or transmitted in any form or by any means, electronic or mechanical, including photocopying, recording or any information storage and retrieval system, without permission, in writing, from the publisher.

All rights reserved.

本书中文简体字版由Harvard Business School Press授权机械工业出版社在中国大陆地区（不包括香港、澳门特别行政区及台湾地区）独家出版发行。未经出版者书面许可，不得以任何方式抄袭、复制或节录本书中的任何部分。

本书两面插页所用资料由彼得·德鲁克管理学院和那国毅教授提供。封面中的签名摘自德鲁克先生为彼得·德鲁克管理学院的题词。

迈向经济新纪元

出版发行：机械工业出版社（北京市西城区百万庄大街22号　邮政编码：100037）				
责任编辑：施琳琳			责任校对：殷虹	
印　　刷：固安县铭成印刷有限公司			版　次：2025年2月第1版第3次印刷	
开　　本：170mm×230mm　1/16			印　张：14	
书　　号：ISBN 978-7-111-63486-7			定　价：89.00元	

客服电话：(010) 88361066　88379833　68326294

版权所有·侵权必究
封底无防伪标均为盗版

如果您喜欢彼得·德鲁克（Peter F. Drucker）或者他的书籍，那么请您尊重德鲁克。不要购买盗版图书，以及以德鲁克名义编纂的伪书。

| 目　录 |

推荐序一（邵明路）
推荐序二（赵曙明）
译者序
前言

第1章　　迈向经济新纪元 / 1
第2章　　拯救华而不实的环保运动 / 20
第3章　　商业与技术 / 35
第4章　　跨国公司与发展中国家：神话和现实 / 58
第5章　　你期望得到什么结果：目标管理使用指南 / 74
第6章　　重新认识科学管理 / 91
第7章　　无聊的董事会 / 102
第8章　　当固定年龄强制退休制度被废除之后 / 118
第9章　　科学与工业：在对抗中相互依赖 / 135
第10章　　为何会劳而无功 / 148
第11章　　日本成功的背后 / 159
第12章　　透过日本艺术看日本 / 175

致谢 / 196

| 推荐序一 |

功能正常的社会和博雅管理

为"彼得·德鲁克全集"作序

享誉世界的"现代管理学之父"彼得·德鲁克先生自认为,虽然他因为创建了现代管理学而广为人知,但他其实是一名社会生态学者,他真正关心的是个人在社会环境中的生存状况,管理则是新出现的用来改善社会和人生的工具。他一生写了39本书,只有15本书是讲管理的,其他都是有关社群(社区)、社会和政体的,而其中写工商企业管理的只有两本书(《为成果而管理》和《创新与企业家精神》)。

德鲁克深知人性是不完美的,因此他认为人所创造的一切事物,包括人所设计的社会,也不可能完美。他对社会的期待和理想并不高,那只是一个较少痛苦,还可以容忍的社会。不过,它还是要有基本的功能,为生活在其中的人提供可以正常生活和工作的条件。这些功能或条件,就好像一个生命体必须具备的正常生命特征,没有它们社会也就不成其为社会了。值得留意的是,社会并不等同于"国家",因为"国"(政府)和"家"(家庭)不可能提供一个社会全部必要的职能。在德鲁克眼里，功能正常的社会至少要由三大类组织组成——政府、企业和非营利组织，它们各自发挥不同性质的作用，每一类、每一个组织中都要有能解决问题、令组织创造出独特绩效的权力中心和决策机制，这个权力中心和决策机制同时要让组织里的每个人各得其所，既有所担当、做出贡献，又得到生计和身份、地位。这些在过去的国家中从来没有过的权力中心和决策机制，或者说新的"政体"，就是"管理"。德鲁克把企业和非营利组织中的管理体制与政府的统治体制统称为"政体"，是因为它们都掌握权力，但是，这是两种性质截然不同的权力。企业和非营利组织所掌握的，是为了提供特定的产品和服务而调配社会资源的权力，政府所拥有的，则是涉及整个社会公平的维护、正义的裁夺和干预的权力。

在美国克莱蒙特大学附近，有一座小小的德鲁克纪念馆。走进这座用他的故居改成的纪念馆，正对客厅入口的显眼处有一段他的名言：

> 在一个由多元的组织所构成的社会中，使我们的各种组织机构负责任地、独立自治地、高绩效地运作，是自由和尊严的唯一保障。有绩效的、负责任的管理是对抗和替代极权专制的唯一选择。

当年纪念馆落成时，德鲁克研究所的工作人员问自己，如果要从德鲁克的著作中找出一段精练的话，来概括这位大师的毕生工作对我们这个世界的意义，会是什么。他们最终选用了这段话。

如果你了解德鲁克的生平，了解他的基本信念和价值观形成的过程，你一定会同意他们的选择。从他的第一本书《经济人的末日》到他独自完成的最后一本书《功能社会》之间，贯穿着一条抵制极权专制、捍卫个人自由和尊严的主线。这里极权的极是极端的极，不是集中的集。极权和集权，两个词虽只有一字之差，其含义却有着重大区别。人类历史上由来已久的中央集权统治直到 20 世纪才有条件变种成极权主义。极权主义所谋求的，是从肉体到精神，全面、彻底地操纵和控制人类的每一个成员，把他们改造成实现个别极权主义者梦想的人形机器。20 世纪给人类带来最大灾难和伤害的战争和运动，都是极权主义的"杰作"，德鲁克在青年时代所经历的希特勒纳粹主义正是其中之一。要了解德鲁克的经历怎样影响了他的信念和价值观，最好去读他的《旁观者》；要弄清什么是极权主义和为什么大众会拥护它，可以去读汉娜·阿伦特 1951 年出版的《极权主义的起源》。

好在历史的演变并不总是令人沮丧。工业革命以来，特别是从 1800 年开始，最近这 200 多年来生产力加速提高，不但造就了物质的极大丰富，还带来了社会结构的深刻改变，这就是德鲁克早在 80 年前就敏锐地洞察到和指出的多元的、组织型的新社会的形成：新兴的企业和非营利组织填补了由来已久的"国"（政府）和"家"（家庭）之间的断层和空白，为现代国家提供了真正意义上的种种社会功能。在这个基础上，教育的普及和知识工作者的崛起，正在造就知识经济和知识社会，而信息科技成为这一切变化的加速器。要特别说明，"知识工作者"是德鲁克创造的一个称谓，泛指具备和应用专门知识从事生产工作，为社会创造出有用的产品和服务的人群，这既包括企业家和在任何机构中的管理者、专业人士和技工，也包括社会上的独立执业人士，如会计师、律师、咨询师、培训师等。在 21 世纪的今天，由于知识的应用领域一再被扩大，个人和个别机构不再是孤独无助的，他们因为掌握了某项知识，就拥有了选择的自由和影响他人的权力。知识工作者和由他们组成的知识型组织不再是传统的知识分子和组织。知识工作者最大的特点就是他们的独立自主,可以主动地整合资源、创造价值,促成经济、社会、文化甚至政治层面的改变,而传统的知识分子只能依附于当时的统治当局,在统治当局提供的平台上才能有所作为。这是一个划时代的、意义深远的变化,这个变化不仅发生在西方发达国家,也发生在发展中国家。

在一个由多元组织构成的社会中,拿政府、企业和非营利组织这三类组织相互比较,企业和非营利组织因为受到市场、公众和政府的制约,它们的管理者不可能像政府那样走上极权主义统治,这是它们在德鲁克看来比政府更重要、更值得寄予希望的原因。尽管如此,它们仍然可能因为管理缺位或者管理失当,例如官僚专制,不能达到德鲁克期望的"负责任地、高绩效地运作",从而为极权专制垄断社会资源让出空间、提供机会。在所有组织中,包括在互联网时代虚拟的工作社群中,知识工作者的崛起既为新的管理方式提供了基础和条件,也对传统的"胡萝卜加大棒"管理方式带来了挑战。德鲁克正是因应这样的现实,研究、创立和不断完善现代管理学的。

1999年1月18日,德鲁克接近90岁高龄,在回答"我最重要的贡献是什么"这个问题时,他写了下面这段话:

> 我着眼于人和权力、价值观、结构和规范来研究管理学,而在所有这些之上,我聚焦于"责任",那意味着我把管理学当作一门真正的"博雅技艺"来看待。

给管理学冠上"博雅技艺"的标识是德鲁克的首创,反映出他对管理的独特视角,这一点显然很重要,但是在他众多的著作中却没找到多少这方面的进一步解释。最完整的阐述是在他的《管理新现实》一书第 15 章第五小节，这节的标题就是"管理是一种博雅技艺"：

> 30 年前，英国科学家兼小说家斯诺（C. P. Snow）曾经提到当代社会的"两种文化"。可是，管理既不符合斯诺所说的"人文文化"，也不符合他所说的"科学文化"。管理所关心的是行动和应用，而成果正是对管理的考验，从这一点来看，管理算是一种科技。可是，管理也关心人、人的价值、人的成长与发展，就这一点而言，管理又算是人文学科。另外，管理对社会结构和社群（社区）的关注与影响，也使管理算得上是人文学科。事实上，每一个曾经长年与各种组织里的管理者相处的人（就像本书作者）都知道，管理深深触及一些精神层面关切的问题——像人性的善与恶。
>
> 管理因而成为传统上所说的"博雅技艺"（liberal art）——是"博雅"（liberal），因为它关切的是知识的根本、自我认知、智慧和领导力，也是"技艺"（art），因为管理就是实行和应用。管理者从各种人文科学和社会科学中——心理学和哲学、经济学和历史、伦理学，以及从自然科学中，汲取知识与见解，可是，他们必须把这种知识集中在效能和成果上——治疗病人、教育学生、建造桥梁，以及设计和销售容易使用的软件程序等。

作为一个有多年实际管理经验，又几乎通读过德鲁克全部著作的人，我曾经反复琢磨为什么德鲁克要说管理学其实是一门"博雅技艺"。最终，我意识到这并不仅仅是一个标新立异的溢美之举，而是在为**管理定性**，它揭示了管理的本质，提出了所有管理者努力的正确方向。这至少包括了以下几重含义：

第一，管理最根本的问题，或者说管理的要害，就是管理者和每个知识工作者怎么看待与处理人和权力的关系。德鲁克是一位基督徒，他的宗教信仰和他的生活经验相互印证，对他的研究和写作产生了深刻的影响。在他看来，人是不应该有权力（power）的，只有造人的上帝或者说造物主才拥有权力，造物主永远高于人类。归根结底，人性是软弱的，经不起权力的引诱和考验。因此，人可以拥有的只是授权（authority），也就是人只是在某一阶段、某一事情上，因为所拥有的品德、知识和能力而被授权。不但任何个人是这样，整个人类也是这样。民主国家中"主权在民"，但是人民的权力也是一种授权，是造物主授予的，人在这种授权之下只是一个既有自由意志又要承担责任的"工具"，是造物主的工具而不能成为主宰，不能按自己的意图去操纵和控制自己的同类。只有认识到这一点，人才会谦卑而且有责任感，才会以造物主才能够掌握而人类只能被其感召和启示的公平正义去时时检讨自己，也才会甘愿把自己置于外力强制的规范和约束之下。

第二，尽管人性是不完美的，但是人彼此平等，都有自己的价值，都有自己的创造能力，都有自己的功能，都应该被尊敬，而且都应该被鼓励去创造。美国的《独立宣言》和宪法中所说的"人生而平等""每个人都有与生俱来、不证自明的权利（rights）"，正是从这一信念而来的，这也是德鲁克的管理学之所以可以有所作为的根本依据。管理者是否相信每个人都有善意和潜力？是否真的对所有人都平等看待？这些基本的或者说核心的价值观和信念，最终决定他们是否能和德鲁克的学说发生感应，是否真的能理解和实行它。

第三，在知识社会和知识型组织里，每一个工作者在某种程度上，都既是知识工作者，也是管理者，因为他可以凭借自己的专门知识对他人和组织产生权威性的影响——知识就是权力。但是，权力必须和责任捆绑在一起。而一个管理者是否负起了责任，要以绩效和成果做检验。凭绩效和成果问责的权力应当是正当和合法的权力，也就是授权，否则就成了德鲁克所坚决反对的强权（might）。绩效和成果之所以重要，是因为它们不但在经济和物质层面，而且在心理层面，都会对人们产生影响。管理者和领导者如果持续不能解决现实问题，大众在彻底失望之余，会转而选择去依赖和服从强权，同时甘愿交出自己的自由和尊严。这就是为什么德鲁克一再警告，如果管理失败，极权主义就会取而代之。

第四，除了让组织取得绩效和成果，管理者还有没有其他的责任？或者换一种说法，绩效和成果仅限于可量化的经济成果和财富吗？对一家工商企业来说，除了为客户提供价廉物美的产品和服务、为股东赚取合理的利润，能否同时成为一个良好的、负责任的"社会公民"，能否同时帮助自己的员工在品格和能力两方面都得到提升呢？这似乎是一个太过苛刻的要求，但它是一个合理的要求。我个人在十多年前，和一家这样要求自己的后勤服务业的跨国公司合作，通过实践认识到这是可能的。这意味着我们必须学会把伦理道德的诉求和经济目标，设计进同一个工作流程、同一套衡量系统，直至每一种方法、工具和模式中。值得欣慰的是，今天有越来越多的机构开始严肃地对待这个问题，在各自的领域做出肯定的回答。

第五，"作为一门博雅技艺的管理"或称"博雅管理"，这个讨人喜爱的中文翻译有一点儿问题，从翻译的"信、达、雅"这三项专业要求来看，雅则雅矣，信则不足。liberal art 直译过来应该是"自由技艺"，但最早的繁体字中文版译成了"博雅艺术",这可能是想要借助它在汉语中的褒义,我个人还是觉得"自由技艺"更贴近英文原意。liberal 本身就是自由之意。art 可以译成艺术,但管理是要应用的,是要产生绩效和成果的,所以它首先应该是一门"技能"。此外,管理的对象是人们的工作,和人打交道一定会面对人性的善恶,面对人的千变万化的意念——感性的和理性的,从这个角度来看,管理又是一门涉及主观判断的"艺术"。所以,art 其实更适合解读为"技艺"。liberal——自由,art——技艺,把两者合起来就是"自由技艺"。

最后我想说的是,我之所以对 liberal art 的翻译这么咬文嚼字,是因为管理学并不像人们普遍认为的那样,是一个人或者一个机构的成功学。它不是旨在让一家企业赚钱,在生产效率方面达到最优,也不是旨在让一家非营利组织赢得道德上的美誉。它旨在让我们每个人都生存在其中的人类社会和人类社群(社区)更健康,使人们较少受到伤害和痛苦。它旨在让每个工作者,按照他与生俱来的善意和潜能,自由地选择他自己愿意在这个社会或社区中所承担的责任;自由地发挥才智去创造出对别人有用的价值,从而履行这样的责任;在这样一个创造性工作的过程中,成长为更好和更有能力的人。这就是德鲁克先生定义和期待的,管理作为一门"自由技艺"(或者"博雅管理")的真正的含义。

邵明路

彼得·德鲁克管理学院创办人

| 推荐序二 |

跨越时空的管理思想

　　20多年来，机械工业出版社关于德鲁克先生著作的出版计划在国内学术界和实践界引起了极大的反响，每本书一经出版便会占据畅销书排行榜，广受读者喜爱。我非常荣幸，一开始就全程参与了这套丛书的翻译、出版和推广活动。尽管这套丛书已经面世多年，然而每次去新华书店或是路过机场的书店，总能看见这套书静静地立于书架之上，长盛不衰。在当今这样一个强调产品迭代、崇尚标新立异、出版物良莠难分的时代，试问还有哪些书能做到这样呢？

　　如今，管理学研究者们试图总结和探讨中国经济与中国企业成功的奥秘，结论众说纷纭，莫衷一是。我想，企业成功的原因肯定是多种多样的。中国人讲求天时、地利、人和，缺一不可，其中一定少不了德鲁克先生著作的启发、点拨和教化。从中国老一代企业家（如张瑞敏、任正非）及新一代的优秀职业经理人（如方洪波）的演讲中，我们常常可以听到来自先生的真知灼见。在当代管理学术研究中，我们也可以常常看出先生的思想指引和学术影响。我常常对学生说，当你不能找到好的研究灵感时，可以去翻翻先生的著作；当你对企业实践困惑不解时，也可以把先生的著作放在床头。简言之，要想了解现代管理理论和实践，首先要从研读德鲁克先生的著作开始。基于这个原因，1991年我从美国学成回国后，在南京大学商学院图书馆的一角专门开辟了德鲁克著作之窗，并一手创办了德鲁克论坛。至今，我已在南京大学商学院举办了100多期德鲁克论坛。在这一点上，也要感谢机械工业出版社为德鲁克先生著作的翻译、出版和推广付出的辛勤努力。

在与企业家的日常交流中，当发现他们存在各种困惑的时候，我常常推荐企业家阅读德鲁克先生的著作。这是因为，秉持奥地利学派的一贯传统，德鲁克先生总是将企业家和创新作为著作的主题之一。他坚持认为："优秀的企业家和企业家精神是一个国家最为重要的资源。"在企业发展过程中，企业家总是面临着效率和创新、制度和个性化、利润和社会责任、授权和控制、自我和他人等不同的矛盾或冲突。企业家总是在各种矛盾或冲突中成长和发展。现代工商管理教育不但需要传授建立现代管理制度的基本原理和准则，也要培养一大批具有优秀管理技能的职业经理人。一个有效的组织既离不开良好的制度保证，也离不开有效的管理者，两者缺一不可。这是因为，一方面，企业家需要通过对管理原则、责任和实践进行研究，探索如何建立一个有效的管理机制和制度，而衡量一个管理制度是否有效的标准就在于该制度能否将管理者个人特征的影响降到最低限度；另一方面，一个再高明的制度，如果没有具有职业道德的员工和管理者的遵守，也很容易土崩瓦解。换言之，一个再高效的组织，如果缺乏有效的管理者和员工，组织的效率也不可能得到实现。虽然德鲁克先生的大部分著作是有关企业管理的，但是我们可以看到自由、成长、创新、多样化、多元化的思想在其著作中是一以贯之的。正如德鲁克在《旁观者》一书的序言中所阐述的，"未来是'有机体'的时代，由任务、目的、策略、社会的和外在的环境所主导"。很多人喜欢德鲁克提出的概念，但是德鲁克说，"人比任何概念都有趣多了"。德鲁克本人虽然只是管理的旁观者，但是他对企业家工作的理解、对管理本质的洞察、对人性复杂性的观察，鞭辟入里、入木三分，这也许就是企业家喜爱他的著作的原因吧！

德鲁克先生从研究营利组织开始，如《公司的概念》（1946 年），到研究非营利组织，如《非营利组织的管理》（1990 年），再到研究社会组织，如《功能社会》（2002 年）。虽然德鲁克先生的大部分著作出版于 20 世纪六七十年代，然而其影响力却历久弥新。在他的著作中，读者很容易找到许多最新的管理思想的源头，同时不难获悉许多在其他管理著作中无法找到的"真知灼见"，从组织的使命、组织的目标以及工商企业与服务机构的异同，到组织绩效、富有效率的员工、员工成就、员工福利和知识工作者，再到组织的社会影响与社会责任、企业与政府的关系、管理者的工作、管理工作的设计与内涵、管理人员的开发、目标管理与自我控制、中层管理者和知识型组织、有效决策、管理沟通、管理控制、面向未来的管理、组织的架构与设计、企业的合理规模、多元化经营、多国公司、企业成长和创新型组织等。

30 多年前在美国读书期间，我就开始阅读先生的著作，学习先生的思想，并聆听先生的课堂教学。回国以后，我一直把他的著作放在案头。尔后，每隔一段时间，每每碰到新问题，就重新温故。令人惊奇的是，随着阅历的增长、知识的丰富，每次重温的时候，竟然会生出许多不同以往的想法和体会。仿佛这是一座挖不尽的宝藏，让人久久回味，有幸得以伴随终生。一本著作一旦诞生，就独立于作者、独立于时代而专属于每个读者，不同地理区域、不同文化背景、不同时代的人都能够从中得到启发、得到教育。这样的书是永恒的、跨越时空的。我想，德鲁克先生的著作就是如此。

特此作序，与大家共勉！

南京大学人文社会科学资深教授、商学院名誉院长

博士生导师

2018 年 10 月于南京大学商学院安中大楼

| 译者序 |

本书是享誉世界的管理大师彼得·德鲁克（Peter F. Drucker, 1909.11.19—2005.11.11）在1981年出版的第三册论文集，收录了他在1972年至1980年撰写的12篇论文。德鲁克在管理学领域的成就和做出的贡献众所周知，译者不必在此赘述。除此之外，他的研究领域还涉及经济学、政治学、哲学、历史学，甚至在艺术领域他也颇有心得。然而，德鲁克并不是一位学究式的理论家，他的管理学思想来自他本人广博的见闻和丰富的经历，终其一生，他都在这个领域不断地学习、实践和反思。

虽然本书的英文版出版于约40年前，但德鲁克对世界大势和美国社会的思考并不过时。如他本人所说，"收录在本书中的多数论文都涉及世界范围内的关切与挑战"，而在当下"百年未有之大变局"加速演进的背景下，作为发达国家的美国在其发展过程中所遇到的各类问题与危机，对当前快速崛起的发展中国家亦有借鉴意义。

本书所收录的论文均成稿于20世纪70年代，这是美国历史上充满变革和分裂的转折时期。早在20世纪20年代，第一次世界大战（简称一战）后的美国由于技术进步、劳动生产率提高、工农业生产增长、消费扩大和对外贸易兴旺而迎来了经济的极大繁荣，然而这仅仅是虚假繁荣，1929年秋天的股市暴跌为美国带来了持续4年之久的经济"大萧条"，危机波及其他工业国家，世界经济形势迅速恶化。之后，美国经由罗斯福新政的实施爬出经济危机的泥淖，并在第二次世界大战（简称二战）后登上资本主义世界的霸权宝座，政治、经济和军事力量都达到巅峰，人口大规模增长。彼时的美国进入福利社会，中产阶级的幸福生活造就了"美国梦"的光环。但随后美国经过朝鲜战争、越南战争等一系列重大事件而急剧衰落。在20世纪60年代末至70年代初，美国国内掀起反越南战争示威高潮，社会动乱持续不断。1973年第四次中东战争和1980年两伊战争的爆发，导致国际原油价格急剧上涨，引发了二战后最严重的经济危机，对各工业国的经济都造成了严重冲击。

在整个20世纪70年代的美国社会，繁荣与危机并存。一方面，科技仍在快速发展，街头依然繁华，小汽车随处可见，广告牌林立，消费主义盛行；另一方面，环境污染严重，经济停滞与通货膨胀交织，工业生产持续下降，国际贸易竞争激烈，出口贸易额下跌，失业率上升，贫富分化和阶级对立加剧，宏观经济政策失灵，自由经济学说开始大行其道。德鲁克曾在欧洲亲历了二战，目睹了二战后国际权力格局的重塑与变迁，也目睹了美国国内的繁荣与危机、日本工业在二战后的迅速崛起与随后陷入的经济滞胀。他对美国的社会生态和各类组织模式的变化都有着深入思考，他对美国当时存在的社会问题的关切和回应，对日本为何能创造经济奇迹的"秘密"的探究，为美国政府和企业等各类组织的生存和发展提出的解决之道，读者都能在本书的前言部分和各个章节中找到相应论述。

在对时下流行的环保运动的批判，对跨国公司与发展中国家的关系的论述，对泰勒"科学管理"的认知，以及对日本社会和日本文化的考察等方面，德鲁克在本书中的思考呈现了更独特的视角、更广阔的格局和更深入的探究，对于"流行智慧"以及一些得到广泛认同的观点中所存在的谬误予以有理有据的批驳。毫无疑问，德鲁克具备非常成熟的"批判性思维"。一方面，虽然他在书中旁征博引，但这并不意味着他接受所有的观点。德鲁克拒绝接受"二手观点"，他总是从源头出发，通过实证、实验和实践形成自己的理论体系和知识体系，将问题引向更深层次的探讨。另一方面，具备批判性思维不仅意味着要对他人的观点进行审视，而且意味着能够对自己提出的观点抱有谨慎的态度。虽然在本书中很难看到德鲁克为了显示谦虚而使用谦辞，但他的论点往往会引用大量证据做支撑，其中也包括大众所不熟悉的知识和数据。

鉴于德鲁克的观点有其个人立场，且12篇论文均成稿于20世纪，本书的部分内容在今天看来可能会有偏颇之处，读者可对其有所甄别。德鲁克堪称一部"百科全书"，他对各领域的涉猎广泛而又深入，本书中出现了经济学、管理学、政治学、哲学、历史学、科技、艺术、设计等诸多领域的专业术语、人名和作品名称。一些机构和刊物的名称随着时间的推移发生了变化，它们和如今为学者或公众所熟知的名称有所不同，译者在本书中均采用了与作者成稿时代所用英文名称相对应的译名。此外，本书语言风格独特，语言结构复杂，这亦为翻译工作带来不小的挑战。对于书中出现的疏漏和不当之处，敬请广大读者批评指正。同时，要感谢机械工业出版社的李文静老师，她对译者工作所给予的支持和帮助，使得译者在翻译和求证的过程中，对许多问题有了新的思考。

诚以本书敬献给广大读者，以期为德鲁克的思想和智慧的传承奉献一份绵薄之力，同时希望能为各位读者朋友带来专业上的启发和精神上的享受。

张慧聪

2020年12月于北京

| 前　言 |

本书所收录的12篇论文拥有共同的作者和一致的观点，虽然这些论文的标题并不相同，但它们所关注的都是"社会生态"（social ecology），它们尤其关注"组织"——无论是政府还是学术组织，无论是企业还是学校，人们试图通过这些组织来实现价值观、传统和信仰，并且大多数人（尤其是当代受过教育的人）要通过这些组织维持生计、成就事业，以此在社会上立足。在这些论文中，我认为，在过去10年中的某个时刻，"社会生态"出现了真正的结构性变化，最显著的，可能是发达国家的人口结构和人口动态的变化。除此之外，那些成立时间较长、看似稳定的社会组织实体，如政府机构，或者企业、医院、学校的董事会，它们的角色和表现也出现了结构性变化。出现结构性变化的还包括科学与社会之间的互动，以及那些被广泛视为"已被揭示的真理"的基本理论。

因此，可以说这是一本有关"当代"的书，它关注当前社会所面临的问题，如环境问题、老年人的退休政策、技术变革带来的影响。我为本书挑选的12篇论文来自本人过去10年的著述，但我尽量只挑选学术论文，而摒弃了通常在媒体上发表的所谓的时事文章。在我看来，这两者的区别并不在于风格、篇幅或学术水平，而在于写作的意图。一篇好的时事文章能够准确地描述事实，但它只关注"此时此地"。然而，论文关注的是作者写作时的整个时代——我们身处的时代，每一篇论文都在试图透过现象去认识本质，通过观察当下所发生的事件及其演变过程去理解其背后的逻辑，并预判其长期走向。我相信这一点在本书收录的第一篇论文《迈向经济新纪元》和最后一篇论文《透过日本艺术看日本》中表现得尤为明显。不过，本书中的其他论文也有着相同的意图。一幅优秀的肖像画，即便它所描绘的主人公是几个世纪前的人物，它依然能够让观看的人对画中的人物有清晰的认知和直观的理解，我非常希望本书也可以做到这一点。

收录在本书中的多数论文都涉及世界范围内的关切与挑战，至少是所有发达国家所共同关注的问题。这些论文是在美国写就的，它们的作者是美国人，并且要在美国的期刊上发表，所以它们大量使用了美国的案例和数据。不过，对于美国之外的读者来说，只有一篇论文可能会稍稍显得难以理解，那就是提交给1979年美国科学促进会（American Association for the Advancement of Science）年会的文章《科学与工业：在对抗中相互依赖》。在写这篇文章时，我意识到不同国家在构建有组织的"大科学"与社会之间关系的方式上存在着巨大的差异：对于德国人来说，在今天的美国，这两者之间的摩擦肯定显得很幼稚；对于英国人或日本人来说，却恰恰相反，无论存在何种摩擦，这两者之间都在不断地进行着令人难以置信的交流。在以实用主义著称的美国，一个世纪以来，有组织的"官方科学"一直沉溺于一种极端的纯洁之中，这可能会让这三个国家都难以接受。然而，这篇文章所关注的问题是，科学知识的生产者（科学家）和科学知识的使用者与消费者（政府和工业界）之间的思维模式和价值体系的分歧日益扩大，这在所有发达国家都同样明显，并且呈现出同样巨大的威胁，尤其是对科学而言。

  本书的最后两篇论文较为特殊，它们论述的不是世界范围内普遍存在的发展问题，而是关于日本的。近50年来，我一直对日本感兴趣，到目前为止，我去过十几次了。对于我来说，日本的魅力恰恰在于它的与众不同——它是如此独特，既不能被完全视为"亚洲的"，也不能被完全视为"西方的"，而且有时它兼具这两种特点。历史学家、社会学家或理论家所认为的"普遍规律"很少适用于日本。在全世界所有的文明中，只有在日本，除了君主（天皇）和寺庙之外，任何人都不能拥有土地，而只能对土地的产出享有权利，直到100年前这种情况才改变；在全世界所有的文明中，日本是唯一自愿与外部世界隔绝两个多世纪的国家，但它对外部世界的艺术、知识和技术保持着最大的兴趣，并对其示以最大的尊重；在全世界所有的文明中，只有日本在两个多世纪里没有经历战争⊖，无论战争是来自外部还是内部，尽管在那段时间里它被军事独裁政权统治，民众生活在军事道德准则之下。最重要的是，在我所知道的所有国家和文明中，只有日本是需要通过眼睛而不是头脑来了解的，尽管从1600年到19世纪晚期的漫长岁月里，日本是识字率最高的国家。因此，本书的最后一篇文章代表了一种尝试，即通过感知，通过设计和视觉艺术，来认识和了解日本，正如通过哲学家和研究机构的分析来认识和了解其他国家和文化一样。这种尝试是否成功，将留给读者去判断。但有一点非常重要，那就是日本在当今

⊖ 原文如此。

世界的地位是如此重要，以至于西方世界不能不注意到它。如果这篇文章能够让一些西方或日本的读者去欣赏日本绘画，无论是去博物馆参观，还是去看现在可以买到的许多优秀的艺术作品，我相信我们都能得到丰厚的回报。

我按照写作时间的先后重新安排了第 2 篇到第 10 篇论文的次序，这似乎是最容易使人理解并且最不做作的安排。开篇论文是最近才完成的，但和我长期合作的哈珀与罗出版公司（Harper & Row）的编辑小卡斯·坎菲尔德建议我把它放在本书的开头，因为这篇论文论述的主题可能是绝大多数读者最感兴趣的——当前许多文章对这个主题的解读过于艰深，这是由于经济学家对专业术语的偏爱，即使是受过高等教育的人，通常也会觉得晦涩难懂。第 11 篇论文比第 1 篇论文的定稿时间还要晚一些，它是我在 1980 年夏天最后一次日本之旅后写就的，其目的是回应西方关于日本在工业领域占据领先地位的诸多问题，并解读日本成功的"秘密"所在。因此，第 12 篇论文《透过日本艺术看日本》只有放在这篇论文之后并放在全书末尾，看起来才合乎逻辑。

在整理这些论文的过程中总是有重写的冲动，但我克制住了。我所做的只是澄清了一些含混不清的内容。例如，在 1978 年撰写的一篇论文中提到"去年秋天"，我把它改成了"1977 年秋天"，其他的均保持原样。我认为应该让读者来判断作者的观点、偏见和预测是否经得起时间的考验，这样才是公平的。但《透过日本艺术看日本》这篇论文，我不得不做了大量的修改。最初，这篇论文是我为宣传一本名叫《画笔之歌》（*Song of the Brush*）的书撰写的，这本书是哈佛大学的约翰·罗森菲尔德和西雅图艺术博物馆的亨利·特鲁伯纳为 1979 年和 1980 年在纽约、马萨诸塞州的剑桥市、丹佛、旧金山和西雅图举办的大型日本画展撰写的。该论文原文大量引用了此次画展中展出的画作和《画笔之歌》中的插图，此次修改时都删除了，取而代之的是对这些精美绝伦的图片的文字描述。不过我相信，读者仍然能够从文字中领会这些艺术作品的内涵。

  本书是我的第三册论文集。前两册论文集选取了我近30年来的著述，《技术与管理》（*Technology, Management & Society*）于1970年由纽约的哈珀与罗出版公司出版，《人与商业》（*Men, Ideas & Politics*）于1971年由伦敦的海尼曼出版社（William Heinemann）出版。这两册论文集最初以精装本面世，最近又推出了平装本，它们都很受欢迎，读者众多。现在的这本新书让我和众多老读者可以再续前缘，同时，我希望它能够让我结交新朋友。对于一位作者来说，最挑剔的读者亦是朋友。

彼得·德鲁克

克莱蒙特，加利福尼亚州

于1981年元旦

第 1 章 | CHAPTER 1

迈向经济新纪元

在400年的历史长河中，经济学在世界观、关注点和范式方面经历了四次重大变革。现在它正迎来新的转折点，这将是经济学的第五次"科学革命"。

凯恩斯是当代经济学的奠基人。即使在英语国家，也只有少数经济学家在其提出的某些特定理论上是凯恩斯主义者。但对于世界上绝大多数的经济学家来说，凯恩斯式的思维模式贯穿了他们经济学理论的基本假设与核心关切，并影响了他们看待与思考问题的方式。这些经济学家倾向于以凯恩斯经济学为基准，将自己的学说定义为"类凯恩斯主义""非凯恩斯主义"或"反凯恩斯主义"。他们创造的术语（例如国民生产总值、货币供给）所提出的关于经济总量的假设也是基于凯恩斯经济学的。凯恩斯在

1930年左右提出的关于经济活动、经济政策和经济理论的观点（或者至少是成文的）在50年后已经为经济学家所熟知，并为他们提出自己的学说奠定了基础。也许凯恩斯经济学的信奉者不是最多的，但其在学术上占据的制高点是其他学说无法比拟的，因此凯恩斯经济学确立了经济学领域学术探讨的议题。

然而，无论是作为经济理论还是作为经济政策体系，凯恩斯经济学都不是清晰且尽善尽美的。它无法解决发达经济体政策的核心问题，即生产率和资本形成的问题。事实上，凯恩斯经济学否认这些问题可能存在，它无法涵盖针对上述问题所观察到的现实和经验，更不必说对其做出解释。此外，凯恩斯经济学已被证明完全无法满足第三世界国家的经济发展需求，亦无法为这些国家所面临的挑战提供解决方案。在某些情况下，凯恩斯经济学也许还会对这些国家的经济实践带来危害。

事实上，在过去的10～15年里，有两种理论方法显示出了一致的预测能力，而它们都与凯恩斯经济学的模型不相容。这两种理论是哥伦比亚大学经济学家罗伯特·蒙代尔的理论以及"理性预期"学派的理论。蒙代尔出生于加拿大。他在经过彻底的实证研究后，于10多年前得出结论：依据凯恩斯经济学所制定的政策在国际经济中不起作用。蒙代尔正确地预测了货币贬值在纠正国际收支逆差、遏制通货膨胀和提升国家竞争力方面的失败。"理性预期"学派则走得更远，其学说的基本假设是：政府干预（即宏观经济干预）是徒劳无益的。

这些新理论与凯恩斯经济学之前的新古典主义经济学理论和马克思主义理论同样不相容。当前经济学的发展遇到了瓶颈，然而我们无法再用被凯恩斯推翻的经济学理论来解释当前的世界，我们的这种无能为力促成了当前经济学"科学革命"的真正产生。但可以肯定的是，我们在今天的课本上看到的经济学定理、方法论和术语，大多数在明天仍然会出现。它们会被沿用，并且只会被重新诠释而不会被完全抛弃——就像量子物理学重新诠释牛顿的光学理论一样。毕竟凯恩斯也没有抛弃古典经济学的任何一个定理。他甚至保留了萨伊定律中"储蓄总是等于投资"的解释（这成了一个"特例"）。现代经济学中最先进的工具之一，即"投入产出分析"（Input-Output Analysis），亦可追溯到经济学分析的第一次"尝试"，即两个多世纪前重农主义者的《经济表》（Tableau Economique）。但作为经济世界观或经济体系，早期的理论，例如奥地利学派的正统观念，已经行不通了。50年前，凯恩斯之所以如此引人注目，即便在他的怀疑者中也是如此（我必须承认自己当时也是这些怀疑者中的一员），是因为突然之间他在我们眼前摆出了全新的观点，我们不得不正视全新的经济学现实，并且这个现实将长期与我们同在。经济学发展的下一阶段将是"后凯恩斯主义"，它无法忽视凯恩斯，但必须超越他。

未来也许不会再有"经济学"的概念了。极权主义政权虽然非常关心经济，但它们不能容忍任何经济学原理必须单纯地建立在经济活动本身的基础之上这一假设，即使经济活动会受到非经济的理性因素、关切和价值的制约，但它依然构成了一个独立的领域，不受外界的干扰。极权主义政权不能接受经济活动是拥有完整内部结构的、独立自治的系统。极权主义政权会无情地将经济学变成会计学的一个分支。

如果未来经济学依然存在，它将与当前的经济学有着本质的不同。虽然我们还无法预料未来的经济学理论具体会是什么，但我们可以判断它需要研究和处理的主要问题，它的核心关切和面临的重要挑战。我们不知道未来的经济学具体为何物，但我们可以大致勾勒它的走向。

I

要做到这一点，我们必须以范式的眼光（也就是说，要站在方法学家而不是经济学家的角度）来看待经济学领域的既有认知，这些认知建立在该领域前四次"科学革命"的基础之上，尤其是建立在第四次"科学革命"即凯恩斯经济学体系的世界观和基本假设之上。

经济学始于 17 世纪上半叶法国的重商主义者（Cameralists and Mercantilists），他们首先认为经济是一个独立的系统。在此之前，不管人们有多关心贸易、生计、财富、货币和税收，经济学都不被视为一个独立的体系或学科。作为一种体系和一种世界观，重商主义的立足点是宏观经济，它只关心国家和王室的利益。[一]事实上，16 世纪末经济学家定义的"民族国家"，本质上是"经济国家"，是由君主通过掌控货币和外贸来控制的国家。重商主义经济学关注的是供给，它的核心关切是最大限度地实现出口大于进口，并由此获得支付职业军人报酬所需的贵金属。[二]

尽管重商主义经济学关注的是供给，但它未能创造足够的供给。虽然重商主义经济学是一个完整的理论体系，但它最终崩溃了，崩溃的原因是我们今天所说的"生产率危机"。法国政府越是促进国内制造业的发展以增加出口并积累货币，法国人就越穷——尤其是与英吉利海峡对岸的英国人

[一] 重商主义政策的实施不是为了让普通百姓过上富裕生活，而是为了帮王室积累黄金和白银，增强国家的武装力量，使国家拥有强大的陆军和海军，以便在海外建立专门为国家的工业生产供应原材料的殖民地。——译者注

[二] 当时的硬通货主要是通过货物出口赚取的贵金属。——译者注

相比，这些英国人不遵循重商主义原则，甚至他们的经济学被认为不系统也不科学。此外，重商主义也未能促进资本形成。当时除了外贸数据、面包价格数据和税收数据之外，法国几乎没有其他的经济统计数据，然而，法国的储蓄率却毋庸置疑地在急剧下降，贯彻非重商主义的英国储蓄率则稳步上升，两国形成了鲜明的对比。

重农主义者的"科学革命"始于一个悖论：在重商主义的影响下，欧洲"最富有的国家"法国变成了最贫穷的国家之一，挣得的金币越多，它的处境就越悲惨。他们通过将高卢式的逻辑应用于盎格鲁-撒克逊实用主义来解决这个问题，重农主义者和重商主义者一样关注供给，但重农主义者的立足点转变为微观经济，以个体的土地和土地生产物为经济单位。这使他们提出了经济学的第一个价值理论，也是第一个没有将"财富"等同于"货币"的理论。重农主义者将人类赖以生存的土地视为国家的财富来源。与此同时，经济学逐渐形成了一套真正自洽的理论体系，也因此发展成为一门独立的学科。

古典经济学是世界经济理论体系的第三种范式，它从重农主义者那里继承了对供给的关注和微观经济学这一立足点，但古典经济学将价值理论的核心从"自然"转向了"人"。随着劳动价值论的出现，经济学逐渐成为一门"道德科学"。古典经济学之所以获得成功，并迅速在新兴学科中成为一颗冉冉升起的新星，既要归功于它在现实世界中真正创造了财富，也要归功于它提出了劳动价值论。但好景不长，到1850年左右约翰·斯图亚特·穆勒的理论成熟的时候，劳动价值论导致了经济学理论的严重混乱，并成为阻止经济学继续向前发展的障碍。

上述情况成为发生在19世纪后半叶的第三次经济学"科学革命"的

基础，这次"科学革命"实现了从古典经济学到新古典经济学的转变，从大卫·李嘉图的学说转向由法国经济学家里昂·瓦尔拉斯○和奥地利的门格尔开创的"边际效用"学说。这种转变主要是在哲学层面，新古典经济学家的关注点从"价值"转向"效用"，从人们的需求转向人们的欲望，从考虑经济结构转向关注经济分析。对于非经济学者来说，这似乎不像一个重大的转变，或许也不值得称之为"科学革命"，但这种转变为经济学注入了一种新的精神力量，至今仍然激励着经济学的发展和经济学家的创新。

第三次"科学革命"也将经济学分裂为不同的阵营。马克思和马克思主义者坚持劳动价值论，并且将经济学置于非经济的"历史力量"之下。他们断言，经典的微观经济学有其内在的平衡，但只有当阻止劳动力获得社会产品的全部份额的元经济障碍，通过由体制本身的"经济矛盾"所引起的政治剧变，或者如列宁后来重新定义的那样，由体制本身的"政治矛盾"来消除时，它才会起作用。○然后，国家会消亡，微观经济学取而代之，最终实现均衡。

在20世纪30年代剑桥的研讨会上，凯恩斯说他的经济学说与经济学传统的决裂比马克思和马克思主义者更为激进、彻底。如果置于经济学范式的背景下考量，凯恩斯的确是正确的。虽然凯恩斯回归重商主义传统，立足宏观经济，但他以需求为中心，而不是以供给为中心，这一点颠覆了

○ 瓦尔拉斯是法国经济学家，作者在原文中写的是比利时，此处做了修正。——译者注
○ 库尔特·多普菲（Kurt Dopfer）和杰森·波茨（Jason Potts）等经济学家认为"系统经济学"（systemnomics）即"微观－宏观－中观－元经济学"（micro-macro-meso-meta-economics）是一种更完整的分析人类经济的方法。其中，元经济学研究经济的更深层次的功能，并提出"为什么一个经济体比其他经济体更具竞争力和可持续性"等问题。——译者注

之前所有的经济学体系。在之前的经济学中，需求因供给而产生，而在凯恩斯经济学中，供给因需求而产生，并受需求控制。最重要的是，凯恩斯重新定义了经济现实，这是他最伟大的创新。凯恩斯学说的经济现实基于货币和信贷这样的象征物，而不是商品、服务和工作或诸如此类的物质世界中的东西。重商主义者也认为货币能起到控制作用，但他们认为的控制作用不是经济上的，而是政治上的。凯恩斯第一次提出经济控制完全可以运用货币手段和信贷手段来实现。

商品、服务和工作所代表的"实体"经济与货币和信贷所代表的"符号"经济之间的关系，自古以来就争议不断，很少有经济学家完全认同（继重农主义者之后）古典经济学家的"货币面纱论"（veil of reality）。早在凯恩斯之前，一些有声望的经济学家（比如马克库洛克，他本来是一个虔诚的李嘉图主义者），或者凯恩斯的上一代经济学家（如瑞典的卡尔·古斯塔夫·卡塞尔和德国的格奥尔格·弗里德里希·纳普），都曾试图用以符号为基础的经济学来取代以实物为基础的经济学。但真正掀起"科学革命"的是凯恩斯，他观察到，在20世纪20年代的经济衰退中，英国工会将货币工资视为真实的"收入"，即便这在现实中导致了工会成员的购买力下降。凯恩斯经济学认为商品、服务和工作都是"实物经济的面纱"。或者更确切地说，上述这些都是由货币供应量、信贷、利率以及政府的盈余或赤字所决定的。商品、服务、产品、生产率、需求、就业以及价格，都是以货币为符号的符号经济所产生的宏观经济事件的因变量。从哲学上讲，凯恩斯是一个极端的唯名论者，他和维特根斯坦在同一时期出现在剑桥，或许并不完全是巧合。

从范式的角度来看，大师米尔顿·弗里德曼（Milton Friedman）在相当大的程度上是一位"凯恩斯主义者",而不是人们通常认为的"反凯恩斯主义者"。弗里德曼毫无保留地接受了凯恩斯主义的世界观。他的经济学是纯粹的宏观经济学:国家政府作为一个单位、一种动力,通过货币供应来控制经济。弗里德曼的经济学完全是以需求为中心的。他认为货币和信贷是普遍存在的,实际上也是唯一的经济现实。弗里德曼认为货币供应是原始的,而利率是衍生品,这不过是对凯恩斯经典理论的一种小修小补,是对凯恩斯经济学的"微调"。真正让弗里德曼脱颖而出的,与其说是他的货币理论,不如说是他始终坚持的对经济活动的认识。他认为经济活动是自主的,经济价值是经济政策和经济行为必须依赖的关键,他提倡自由市场。凯恩斯会完全同意上述所有观点。

对于古典主义者、新古典主义者和马克思主义者来说,20世纪30年代的"大萧条"源自"实体"经济,源自一战期间欧洲的贫困状态,而战争赔款以及欧洲农业和工业生产率的急剧下降,又进一步恶化了这种贫困状态。然而,包括弗里德曼在内的凯恩斯主义者认为,"大萧条"源自符号经济,它是1929年股市崩盘、"投机"或者货币供应紧缩的结果。

II

当前的"经济学危机"是经济学的基本假设、范式和"系统"的失败,我们并不能将其归咎于这种或那种理论。凯恩斯经济学陷入了自18世纪法国经济危机以来最严重的生产率危机。当年的法国经济危机大大降低了重商主义的可信度和权威性。当前的这场生产率危机发生在所有发达国家,但在英国和美国这两个最忠实于凯恩斯主义的国家最为严重,这使得凯恩斯主义的需求控制供给理论的正确性遭到质疑。与此同时，英国和美国面临的资本形成危机也是最严重的，而此类危机在凯恩斯经济学的理论和范式中根本不可能发生。

凯恩斯充分意识到了生产率的重要性，但他也相信生产率是需求的函数，并且由需求决定。20世纪30年代初是凯恩斯经济学的时代，在剑桥举办的凯恩斯研讨会上，人们总会听到那些最优秀的学者（如琼·罗宾逊、罗伊·哈罗德、阿巴·勒纳）向凯恩斯询问有关生产率的问题，凯恩斯总是回答："只要就业和需求保持在高位，我们就不必担心生产率。"

如果像凯恩斯在50年前所假设的那样，只要商人和工人都对经济充满信心，只要需求保持高位而失业率保持低位，人们就不必担忧生产率的问题，它自会持续缓慢但稳定地增长。这样的假设并非完全轻率的，在20世纪30年代早期，凯恩斯的观点是理性的（尽管过于乐观），虽然在那个时候约瑟夫·熊彼特和莱昂内尔·罗宾斯还不能接受他的观点。

但这种情况肯定无法再维持下去了。凯恩斯的经济学体系并不关注生产率，凯恩斯也没有提出刺激或提高生产率的办法，也不能提高经济效率。随着提高生产率成为经济的核心需求与重大关切，尤其是在那些最发达国家的制造业、服务业和农业领域，凯恩斯经济学无法用于解决生产率的问题，这成为其理论结构的一个重大缺陷。这个缺陷，相当于在哥白尼的时代已经无法用托勒密天文学来解释恒星和行星的运动。

就经济理论而言，资本形成的衰退在发达国家（特别是在坚定奉行凯恩斯主义的美国和英国）表现得尤为严重，然而凯恩斯经济学并没有解释这种衰退，甚至在凯恩斯经济学的理论体系中，这种衰退根本不可能发生。

资本代表着未来。它是对未来的风险、不确定性、变化和就业所进行的准备。资本的确不是当前的成本，但它是必然会发生的成本。一个经济体如果不能形成足够的资本来支付未来需付出的成本，那么这个经济体就会将自己拖入衰退，并且可能出现持续性的危机——滞胀。在这种危机中高失业率和通货膨胀同时存在，然而这种危机在新古典主义经济学和凯恩斯经济学的理论体系中都不可能发生。

正如每一个大学生在课堂里被教授的那样，凯恩斯经济学理论的核心观点是对萨伊定律（Say's Law）的否定。根据萨伊定律，储蓄总是等于投资，这样的经济体总是能形成足够的资本来满足未来的需求，而凯恩斯则假设发达经济体有"过度储蓄"的倾向。根据凯恩斯的假设，发达经济体不可能出现"储蓄不足"，因此就不可能出现资本形成不足的情况。这一点，从一开始就被像约瑟夫·熊彼特这样的富有思想和同理心的经济学家，视为凯恩斯经济学的一个严重缺陷。当然，一旦储蓄不必完全等于投资的观点被学界接受，"储蓄不足"和"储蓄过度"就都有可能发生，而且它们发生的可能性几乎一样大。而在过去的30年里，那些说英语的发达国家，也就是信奉凯恩斯主义的国家，在能源危机开始之前就已处于大规模"储蓄不足"的状态。因此，人们不再像从前一样坚定地相信或捍卫凯恩斯经济学的基本假设。然而，在凯恩斯经济学中，资本形成问题是无法解决的。凯恩斯经济学明确地排除了储蓄不足的可能性，从而排除了资本形成不足的可能性。如果资本是经济真正的"成本"，凯恩斯甚至从未怀疑过这一点，那么以需求为基础的宏观经济学就无法对经济理论或经济政策做出有效的、令人满意的指导。

即便是凯恩斯主义关于对消费者需求的管理可以通过管理货币收入和宏观经济利率来实现的主张，也没有得到过去40年的现实经验的支持。凯恩斯主义者经常引用的20世纪60年代早期的"肯尼迪减税"也并不能证明其方法的成功。在肯尼迪政府削减联邦税的那一年，美国经济确实有了显著的好转。但就在同一年，为了抵消联邦减税带来的影响，美国的州税和地方税大幅上调。无论是凯恩斯经济学理论还是美国的经济现实，都无法解释为何州税和地方税对经济的影响与联邦税有所不同。⊖ 而能够显示凯恩斯主义经济政策效果的另一个例子，实际上表明无法通过降低利率或增加政府赤字的刺激手段来对宏观经济进行管理。无论是在美国的新政时期，还是在英国自1960年以来的滞胀时期，扩大的政府赤字亦无法刺激供给。这些赤字的作用被微观经济的货币周转速度急剧下降和投资减少所产生的破坏作用抵消了。如果真的如凯恩斯所假设的那样，即宏观经济决定微观经济的态度、行为和行动，那么上述两种情况都不可能发生。

更糟糕的，也许是凯恩斯主义经济政策基本哲学观的失败，即信奉"经济学家之王"，也就是相信存在一个能够不被其个人的政治野心所左右，不受政治压力所胁迫，并且能够基于客观的、定量的、确凿的证据做出有效决策的公正而独立的经济学家。即使是在20世纪30年代，很多人也很难接受这一点。尤其是对在一战后经历了通货膨胀的欧洲大陆居民来说，这位"经济学家之王"纯粹是傲慢自大的，这在很大程度上解释了为什么一直到最近的10年或15年间，凯恩斯在欧洲大陆的追随者是如此之少。

⊖ 这也是为什么"肯尼迪减税"并不像人们有时断言的那样，证明或支持"拉弗曲线"（Laffer Curve），即低税率在低到一定程度后，实际上会产生更高的税收，因为它刺激了更多的经济活动。在"肯尼迪减税"政策实行的过程中并没有真正实现"减税"，所以它什么也证明不了。

然而到目前为止，几乎没有人会完全接受那些所谓的不受政治影响却同时控制着关键政治决策的经济学家。就像"开明的暴君"一样，凯恩斯式的"经济学家之王"已经被证明是一种错觉，而且实际上是一种自相矛盾的说法。如果说过去10年的通货膨胀教给了我们什么，那就是当权的经济学家要么成为对当前形势来讲"有用"的政客（如果他肯负这个责任的话），正如20年代欧洲的通货膨胀教给我们的，要么他很快就会失去所有的权力和影响力。人们常常断言，经济学家不知道如何阻止通货膨胀，但这根本不是事实。自16世纪晚期以来，每位经济学家都知道如何做到这一点：削减政府开支，同时减少货币供给。经济学家缺乏的并非理论知识，他们缺乏的是政治意愿或政治力量。到目前为止，所有通货膨胀的问题都是由有意愿的政治家而不是有知识的经济学家解决的。

没有了"经济学家之王"，凯恩斯经济学就无法实现其成效。经济学家可以扮演批评家的角色，就像凯恩斯在20世纪20年代以及米尔顿·弗里德曼在今天所扮演的角色一样。作为不同意见的持有者，凯恩斯主义经济学家由于不掌握权力，可以不受政治左右。但他们所信奉的学说对形成有效的政府并无助益。因此，凯恩斯主义范式很可能在很长一段时间内作为一种提供批判和指导意见的经济学说而存在，告诉我们什么是不该做的，但它作为经济理论基础以及作为经济政策和行动指南的公信力正在迅速丧失。

III

生产率危机和资本形成危机的同时存在，使得经济学在未来将不得不再次转向微观经济学，并且以供给为中心。生产率和资本形成都是微观经济事件，两者都涉及生产要素，并且都不是需求的函数。

我们对生产率和资本形成有很多了解。近30年来，人们对这两个领域都进行了大量的实证和理论研究。关于生产率，我们知道它既指每一个生产要素（人力资源、资本、物质资源、时间）的经济产出，也指将所有生产要素进行串联后的综合产量。而关于资本形成数量，我们知道它至少要等于资本成本。在一个不断增长的经济体中，当前的资本形成所要支付的未来成本要远远高于资本成本，并且未来的工作将比当前的工作需要更多的资本投资，因此将需要更多的资本形成，而不是以资本的普遍回报来替代资本。我们知道如何确定未来的不确定性所需的资本形成率，其误差范围不大于会计模型中的折旧或信用风险等当前可接受成本的误差范围。

我们也相当了解能够提高生产率和资本形成效率的因素与力量。应该说，它们中没有一个与符号经济中的货币和信用相关。符号经济中的事件可能会使人泄气，但不太可能会显著地促进生产率或资本形成效率的提高。

尽管有了概念和数据，但迄今为止，我们还没有一个包含生产率和资本形成的微观经济学模型。甚至这些术语在现有的理论中也基本上不为人所知。例如厂商理论（Theory of the Firm），这是我们在大学里最经常教授的微观经济学理论，它探讨的是"利润最大化"，而不是生产率与资本形成。但是，我们至少在50年前就已经知道，"利润最大化"这个词，如果只适用于个人和单一商品的一种独特的、非经常性的交易，即只是一种例外的、罕见的、不具有代表性的事件，那么它就毫无意义。总而言之，几乎可以肯定的是，未来的经济学在其微观经济学中将抛弃"利润"的概念，因为它假定了一个静态的、不变的、封闭的经济。而在一个流动的、变化的、开放的经济中，有各类风险、不确定性和变化。正如熊彼特在70年前所教导的，在这样的经济中没有"利润"，只有真正的创新者所创造的"暂时利润"。对于其他任何经济活动来说，则只有成本，即反映在会计模型中的过去的和现在的成本，以及以资本成本表示的未来成本。事实上，没有一家企业会将"利润最大化"应用于其发展规划或者资本投资、定价的决策中。决定企业实际行为的是关于资本成本、市场优化和长期成本收益（学习曲线）的理论和概念，其目的在于使产量最大化而不是使利润最大化。

因此，未来的经济学将需要完全不同的微观经济学作为其基础。它需要一个以优化生产率为目标的理论，因为在几个部分相关的函数之间达成的平衡，必然是一种优化而不是最大化的结果。资本形成需要一个最基本的概念，即资本成本的覆盖范围。它需要一个旨在提升对利润的"满意度"而不是将利润最大化的理论作为支撑，矛盾的是，资本的最低成本将大大高于当今大多数经济学家和企业高管所认为的可获得的最大盈利。当然，这也就是"资本形成危机"会出现的原因。未来的微观经济学不同于现在的微观经济学，它将是动态的，它假定风险、不确定性和变化将在技术、经济条件和市场中存在。然而，它应该是一种均衡经济学，将不确定性和变化的未来整合到现在和可测试的行为中。这项工作的大部分基础性工作已经完成了，一部分在50年前由芝加哥经济学派的弗兰克·奈特先生完成，一部分由当代英国经济学家沙克尔（G. L. S. Shackle）完成。因此，未来的微观经济学理论应该能够解决自李嘉图以来一直困扰经济学家的困境：经济学分析只有在排除了不确定性和变化的情况下才能进行，经济政策却要在充分考虑不确定性和变化的情况下制定。在未来的微观经济学中，我们应当通过生产率和资本形成，使经济学分析和经济政策实现动态均衡。

如果生产率和资本形成是未来微观经济学理论所关注的焦点，那么便可以实现以前在经济学中从未实现的事情：即便不能使微观经济学和宏观经济学合二为一，也可以实现两者的有机结合，使其相互关联。虽然生产率和资本形成属于微观经济学领域，但不同于利润，它们也是有意义的宏观经济学术语，属于可衡量的宏观经济总量范畴。利润，根据其内在特征，只适用于法人实体（即企业或公司），但我们可以说"一个行业的生产率"或"世界经济中的资本形成"。

过去，经济学理论要么是微观的，要么是宏观的。古典主义经济学家阿尔弗雷德·马歇尔（Alfred Marshall）在 20 世纪初曾试图将这两者结合起来，但最终并没有人（包括马歇尔本人）认为他成功了。在很大程度上，正是马歇尔的失败让凯恩斯选择了一个纯粹的宏观经济学体系。然而可以确定的是，对于未来的经济学来说，在微观经济学和宏观经济学之间进行选择将成为一种"奢望"，它必须完成马歇尔曾经尝试但并没有成功的事情，那就是将两者整合起来。宏观经济学已经第二次证明了自己无法处理供给问题，即生产率和资本形成问题。然而，在混合经济体和跨国公司中，在货币不可自由兑换以及政府的再分配占国民收入一半的环境里，仅凭微观经济学亦不足以研究经济理论或经济政策。

但"宏观经济学"一词在未来的经济学中究竟意味着什么却不得而知，而且可能会充满争议。400 年来，这个词被自然而然地认为意味着"国民经济"。直到今天，德国人还把"经济学"称为"民族经济学"（Nationaloekonomie）或"经济"（Volkswirtschaft）。罗伯特·蒙代尔的理论试图将微观经济学和宏观经济学结合起来，但他并没有将国家政府视为一个要分析的因素。蒙代尔的宏观经济学分析的是世界经济，按照他的经济学体系，各国政府只有在充当世界经济的代理人时才是有效的——政府预测世界经济的结构趋势，并塑造本国经济以顺应世界经济形势，一如在20世纪60年代迅速发展起来的日本和德国。而那些在二战后试图表现得像真正在管理"宏观经济"的国家，尤其是信奉凯恩斯主义的国家英国和美国，如蒙代尔所示，正是对本国经济控制最少、花费最高的国家。

顺便说一下，这也是凯恩斯自己在晚年所得出的结论。大约在1942年，凯恩斯自己不再是一个"凯恩斯主义者"，并且放弃了基于民族国家的宏观经济学。相反，他提议围绕"班科"（Bancor）建立战后经济。"班科"是一种独立于各国政府及其货币之外的跨国货币，由作为跨国公务员的非政治性的经济学家管理。"班科"在布雷顿森林体系会议（Bretton Woods Conference）上被美国的凯恩斯主义者否定，他们怀疑凯恩斯此举的目的是试图维持英镑作为世界"关键货币"的地位。这些美国的凯恩斯主义者对美元是世界的"关键货币"有极大的信心，他们相信美国经济学家的智慧足以很好地管理美元，并且不受国内政治压力的干扰。但如今，就连美国人都在推动国际货币基金组织（IMF）的特别提款权（SDR）成为世界经济中的跨国和非国家货币，并且承认"关键货币"并不存在，也就是说没有一个民族国家能够得到真正的经济主权。世界经济中的主要流动资金的持有者（欧佩克国家、主要的中央银行以及大型跨国公司，这些跨国公司的总部设在国际收支呈现顺差的国家，如德国、日本和瑞士），正迅速地将资金投向跨国货币：特别提款权、由各国货币组成的"一揽子货币"、与购买力挂钩的账户货币（或者黄金）。

用"巴西经济"或"英国经济"来形容未来的经济学还是有道理的。

民族国家是一种现实存在，但它并不是传统的宏观经济学所认为的经济现实，也不是一个可能限制却不能决定或指导经济活动的"外来因素"。下一个经济学将不得不考虑这一现实，因为在可预见的未来，民族国家肯定是政治实体的唯一存在形式。

因此，可以预见的是，未来的经济学将会围绕国家政府在经济理论中的地位展开一场激烈的辩论。一种观点可能与蒙代尔的看法一致，将国家政府（至少在发达国家是这样）视为经济体系中的一个齿轮，而不是引擎。另一种观点则可能认为，无论是宏观经济体系还是世界经济体系，都将以民族国家及其政府为中心进行运转，如同行星在其轨道上围绕恒星运转。

甚至在这个"托勒密式""以国家为中心的"经济体系中，可能存在两种并行不悖的定理：一种是英美两国的新凯恩斯主义，另一种是法国的重商主义。前者通过货币和信贷来保持对国民经济的控制以及国民经济的独特性，后者则通过法国人所说的指示性规划，也就是对资本、劳动力和物质资源进行分配，来控制国民经济。从方法论上讲，必须有进一步的方法，要能够试着将个人和企业的微观经济学、民族国家的中观经济学和世界经济的宏观经济学安排在同一个系统中。我认为这可能是唯一适合发展中国家的模式，特别是快速工业化的国家。无论如何，下一个经济学肯定也会成为"政治经济学"，其出发点是经济现实（即世界经济和微观经济）与政治现实（即民族国家）之间的关系，上述两者都是经济理论的核心，并且极具争议性。

同样重要的，或许更有争议的，将是实体经济（商品、资源、工作）与符号经济（货币和信用）之间的关系。没有人会回到过去那种摒弃将符号经济视为"现实的面纱"的做法，但也没有人会坚持近期的主流观点，即认为符号经济才是真正的经济，商品、服务和工作只是符号经济的函数，并且完全依赖符号经济。

然而，我们可能不得不满足于一些类似物理学的"不确定性原理"的东西。在这样的原理中，关于某些特定事件的唯一有意义的描述，例如生产率、资本形成、资源配置等，是关于实体经济的，而符号经济只是作为约束和限制而存在。其他同样有关实体的事件，也许只能用符号经济来讨论、分析甚至描述，实体经济对它们来讲则是制约。这样的情况不会特别令人满意，但可能是我们所能实现的最好结果。

IV

今天没有人能够预测未来的经济学究竟是会由一位伟大的思想家（如另一个亚当·斯密、李嘉图或凯恩斯）来设计和建构，还是会由于许多有能力的人共同努力而在一个渐进的转变中出现（正如边际效用经济学在一个世纪前从古典主义向新古典主义转变一样）。未来的经济学可能是在此前的知识基础上建起的一座巨大的塔楼，正如半个世纪前肇始于凯恩斯的学术大厦；它也可能像多个四散分布的郊区，没有一个共同的中心，仅由一些繁忙的高速公路连接在一起。但毫无疑问，未来的经济学必须体现经济学思想史上一直存在的相互独立（如果不是相互对立的话）的学说：微观经济学与宏观经济学；商品和劳动的实体经济与货币和信用的符号经济。它将用整个400年经济学历史的经济思想和经济理论作为基石，但它不太可能接受其中任何一个作为自己的基础或顶点。

未来的经济学甚至可能再次尝试兼具"人性"和"科学"的特点。

在20世纪30年代参加凯恩斯剑桥研讨会的年轻成员中，流传着一桩逸事。有位年轻学者问凯恩斯，为什么他的《就业、利息和货币通论》中没有价值理论，据说凯恩斯答道："因为唯一可用的价值理论是劳动理论，而它是完全不可信的。"下一个经济学可能会再次提出价值理论。它可能宣称生产力，即通过人类工作应用于资源的知识，是所有经济价值的来源。

生产力作为价值的来源既是先验的也是可操作的，因此它满足了第一性原理的规范。它既可以是描述性的，也可以是规范性的；既可以描述是什么以及为什么，也可以指出应该是什么以及为什么。在过去的100年里，没有任何一个伟大的经济学家（如马歇尔、熊彼特、凯恩斯）会完全认同缺乏价值理论的经济学。但正如凯恩斯的那桩逸事所表明的那样，他们别无选择。生产力作为所有经济价值的来源将发挥作用，它可以起到解释和引导视线的作用，也可以为经济学分析以及经济政策和行为提供指导。生产力既是人也是物，既是结构性的也是分析性的。因此，以生产力为基础的经济学可能会成为所有伟大的经济学家努力追求的目标：它是人文学科，是道德哲学，是社会科学，又是严谨的自然科学。

CHAPTER 2 | 第 2 章

拯救华而不实的环保运动[一]

今天,每个人都宣称自己在"保护环境"。各级政府制定的旨在保护环境的法律和设立的相应机构在成倍增加。大公司用绚丽的广告来解释它们是如何环保的(或者至少试图这么做)。即使是普通公民,也会为减少环境污染做一些力所能及的事情。与此同时,我们已经对环保问题有了足够的认识,因而在恢复人与自然之间的平衡方面取得了一些进展。

然而,这场环保运动正面临着偏离轨道的危险,就像之前的所谓"向贫困宣战"运动一样。讽刺的是,最狂热的环保主义者可能是主要的环境破坏者。许多人对我们所面临的环境危机的起因缺乏清晰的认知和了解,

---

[一] 本文首次发表于 1972 年 1 月的《哈泼斯杂志》(*Harper's Magazine*)。

并且没有解决之道。他们忽视了必须做出的艰难决定，也没有去整合本可被用来解决环境问题的资源。事实上，我们的一些"环保主义战士"似乎已经下定决心要毁掉他们的事业，随之毁掉的还有我们共同的未来。

例如，人们普遍认为，通过减少甚至消除我们对科技的依赖，就可以获得清洁的环境。日益严重的环境污染，确实提出了有关科技的发展方向、使用和未来等基本问题。但是科技与环境之间的关系，并非如反科技人士希望我们相信的那么简单。例如，在过去的 25 年里，对环境影响最大的发明可能是个看起来微不足道的小玩意——纱窗，正是它的发明使得不发达国家实现了人口的大幅度增长，而不是 DDT 或抗生素。仅仅在几十年前，这些国家有多达 4/5 的儿童会在 5 岁之前死于夏季腹泻或疟疾等虫媒传染病。在这种情形下，即便是最热心的环保主义者，应该也不会禁止使用纱窗而让这些儿童再次暴露在苍蝇面前吧？

事实上，大多数环境问题都需要科技手段来提供多种解决方案。为了控制大量水污染和人类制造的垃圾所带来的负面影响，我们将不得不利用包括生物化学和热力学在内的所有科学技术。同样，我们需要最先进的技术来妥善处理采矿业和制造业向世界水域排放的废水。除此之外，农民和伐木工的活动是导致美国水污染的第三大因素，修复此类活动所造成的环境破坏将需要更多的新技术。

军备竞赛可能会为我们带来最糟糕和最危险的环境污染。但裁军的真正希望，在很大程度上要依托于远程检查和监测等复杂技术的发展。换句话说，环境控制所要求的科技水平至少要达到其所要纠正的、被滥用的科技的水平。那些世界各地迫切需要的污水处理厂将被设计、建造和运行，但这个过程无法依靠纯洁的心灵、民谣或"地球日"（Earth Day）来完成，而要由在大型组织中工作的那些留着平头的工程师来完成,无论他们来自企业、实验室还是政府机构。

谁来买单

第二种同样危险的错觉如今正在盛行:人们普遍认为得到清洁环境所需支付的成本可以由"商业利润"来买单。在好年头,所有美国企业的税后利润达到600亿~700亿美元,而污染最严重的采矿业和制造业企业所占的比例还不到一半。据保守估计,即便只是针对最紧急的工作,环境治理的成本也会达到所有企业利润的三四倍。

想想美国(可能也是全世界)效率最高、利润最高的电力公司——美国电力公司(American Power Company)吧,这家公司在美国中西部和中南部经营着许多大型电力系统。它一直比其他大多数电力公司(以及政府的田纳西河流域管理局)更注重生态。然而,要想让美国电力公司彻底不再对空气和水造成污染,可能就需要它在未来很多年里,每年在这方面的投入接近甚至超过其目前每年1亿美元的利润。放弃露天开采煤炭或恢复由露天开采煤炭所破坏的土地所带来的额外支出,可能会使该公司的燃料费用翻倍,这是该公司最大的一笔运营成本。在可以通过新的科技手段实现之前,没有人猜得出将输电线路埋到地下需要投入多少钱,这笔费用可能远远超过电力公司以往的全部收入。

我们之所以面临着环境危机,是因为太长时间以来,我们都没有在真正应该花钱的地方进行投入。现在我们必须尽快提高这部分费用,使其达到应有的水平。这些费用最终将由作为消费者和生产者的广大人民来承担。我们唯一的选择是,确定哪些成本将以提高价格的方式来承担,哪些将以提高税收的方式来承担。

我们有可能将部分经济负担转化为经济机遇，尽管这需要通过努力工作和研发新技术来实现。许多工业废物或人类制造的垃圾可以转化为有价值的产品，比如发电产生的热量可用于温室和养鱼场，或者在洛杉矶等地的冷空气层上打"热洞"，以此形成上升气流来驱散烟雾。不过这些项目都需要长期运作，并且应该马上进行投入，刻不容缓。

与"利润"可以为环境保护买单这一谬论密切相关的是，人们相信可以通过减少工业产出来解决环境危机。在世界上那些高度发达的富裕国家中，我们确实可能会淡化在过去几百年中所推崇的"生产导向"。而且，发达经济体的增长也的确越来越多地依靠教育、休闲或保健领域，而不是工业领域。但是，环境危机将迫使我们在未来几十年内，重新把重点同时放在这些领域上，虽然这听起来有些自相矛盾。

被忽视的生活现实

针对为何无法通过减少工业产出来解决环境危机这一问题，这里指出三个原因，每个原因本身都足以解答该问题。

1. 实际上，每一项环境治理任务都需要大量的电能，并且这种需求远远超过了现有的电力供给能力。污水处理只是一个例子：传统的、完全不恰当的处理方法，与能够处理人类制造的垃圾和工业废物并产生相当清澈的水的现代处理厂所采用的方法之间的区别，主要在于电力，后者需要大量的电力供应。这便使人们陷入了一个两难境地：发电厂本身就是污染源，其中主要的危害因素是热污染，而我们目前还不知道如何处理它。

我们只有在解决了发电的污染问题之后，才能对其他的环境问题进行严肃的讨论吗？是的。这虽是一个不切实际的决定，但至少是经过深思熟虑的决定。真正不光彩的是现在的虚伪论调：我们坚持认为自己认真地对待了其他一些问题，比如涉及工业废料、污水或杀虫剂的问题，却拒绝建造解决这些问题所需要的发电厂。我恰巧是塞拉俱乐部（Sierra Club）的会员，这是美国历史最悠久、规模最大的环保组织。我像其他会员一样关心环境问题。但是，塞拉俱乐部对当前任何新建发电厂的反对，以及其他团体对在美国其他地区（如纽约）新建发电厂的反对，首先会使得其他生态保护工作在未来5年或10年内无法有效完成。其次，这种反对决定了在未来很长一段时间内，内燃机仍将是支持我们出行的主要机械。电动车及电气化的大众交通工具是仅有的两种可行的替代性选择，但它们所需要的电力供应将远远超出现有的水平。最后，这种反对很有可能在几年之后导致大西洋沿岸的电力短缺，这意味着居住在那里的家庭冬天没有暖气，也意味着大规模的工厂关闭和工人失业，届时，这将引发公众对整个环保运动的强烈反对。

2. 无论人们多么希望降低对生产领域的重视程度，下一个10年都不会是采取这种做法的正确时机，尤其是在美国。随着下一个10年而来的，是大量涌现的求职者以及新近组成的年轻家庭，这是20世纪40年代末和50年代初的生育高峰所带来的不可避免的结果。年轻人需要工作，除非生产领域的工作岗位迅速增加，否则社会上将出现大量失业人员，尤其是技能较低的黑人和其他少数群体。除了工作，年轻家庭还需要各类生活物资，从住房、家具一直到婴儿的鞋子。除非出现严重的经济大萧条，否则即使家庭消费标准有所下降，社会的总需求也会急剧上升。如果以保护生态的名义对生产的扩大加以抵制，环境将成为政治话语中一个令人忌讳的词语。

3. 如果产出增长的收益无法冲抵用于环境治理的额外成本，那么这部分成本就必须通过削减教育、医疗保健或城市建设的投资来支付。这样一来，穷人的权利就被剥夺了。如果我们需要的这些资金能够来自国防开支，那就太好了。然而，目前我们的国防开支占国民收入的6%或7%，其中有很大一部分用于支付过往战争所导致的开销，即支付退伍军人的养老金和伤残津贴（顺便说一句，美国军国主义的批评者经常忽略这一事实：其他大多数国家的国防预算并不包括这些）。但即便我们能够或者应当削减国防开支，这样的"和平红利"最多也只能占国民收入的1%或2%。

要知道，教育支出（占7%～8%）、医疗保健支出（占7%～8%）以及在市中心和其他贫困地区的支出（占5%）约占当前美国国民收入总额的1/5。除非我们迅速提高产量和生产率，以冲抵增加的环境治理成本，否则选民就会把目光投向这些行业。事实上，选民已经开始在全国范围内反对当前的教育预算，并且试图极力削减福利支出。财政资源向环保的倾斜有可能在很大程度上通过通货膨胀来实现，其代价是牺牲低收入群体的利益，这很难让环保事业得到穷人的支持。

避免这些糟糕状况的唯一办法便是提高经济增长速度，在接下来的10年里，可能需要以每年4%左右的速度增长，这个速度比我们在二战后能够维持的速度还要高。这无疑会带来极大的环境风险。但其他选择可能意味着根本不会采取任何环保行动，公众很快就会反对所有的环保行动，而且反对者群体绝不会仅限于戴着安全帽的工人。

让"美德"发挥作用

最后一种错觉是，营造清洁环境的正确途径是采取惩罚性立法。我们确实需要禁令和法律来禁止危害与破坏环境的行为。但更重要的是，我们需要用激励措施来保护和改善环境。

只有在犯罪分子很少且违法行为也相对较少的情况下，惩罚性法律才能奏效。每当法律试图阻止或控制每个人都在做的事情时，它就会退化成一个由告密者、间谍、行贿者和受贿者组成的巨大而无用的机器。当下，我们每个人都是污染者，在不发达国家和发达国家都是这样。各种惩罚性法律法规可以迫使汽车制造商给新车加装排放控制设备，但它们永远无法迫使1亿名驾驶者去维护这些排放控制设备。然而，如果我们要治理汽车污染，这将是核心任务。

我们应该做的是使环境治理目标的实现能够对每个人都有好处。既然环境危机的根源在很大程度上存在于经济领域，那么激励措施也必须主要是经济方面的。例如，那些自愿维护汽车排放控制设备的车主可以支付更低的汽车注册登记费用，而那些其汽车排放控制设备的性能低于规定标准的车主将支付更高的费用。如果汽车制造商得到了相当大的税收优惠，它们就会尽最大的努力生产更安全、零排放的汽车，而不是试图去阻挠惩罚性法律法规的制定。

尽管校园里充斥着各种花言巧语，但现在我们知道，环境危机与政治体制无关。来自列宁格勒的未经处理的污水流过狭窄的波罗的海，导致斯德哥尔摩周围50英里⊖的浴场已经完全无法使用。尽管莫斯科的汽车仍然很

⊖ 1英里=1609.344米。

少，但它的空气污染却和洛杉矶一样严重，而且到目前为止，莫斯科在污染治理方面还比不上纽约。

我们还应该知道，环境危机与贪婪也没有什么关系。环境危机的形成有两个主要原因，一个是人口压力大，特别是大城市的人口压力；另一个是要以尽可能低的成本使尽可能多的人过上体面的生活，尽管这是一种非常值得赞扬的愿望。

环境危机的到来其实是因为我们在以下领域取得了成功：成功地降低了婴儿死亡率（这给我们带来了人口的爆炸式增长）；成功地提高了农业产量，防止了大规模饥荒的发生（这给我们带来了由杀虫剂和化肥所造成的污染）；成功地把人们从19世纪城市的有害的廉租房中解放出来，让他们进入郊区充满绿意和具有私密性的独栋住宅（这给我们带来了城市的扩张和交通堵塞）。换句话说，环境危机的产生在很大程度上是因为我们做了太多正确的事情。

要克服成功带来的相应问题，就必须在成功的基础上继续努力。第一步需要做的，是愿意承担风险，在复杂和危险的困境中就以下问题做出决定：

- 我们如何在更清洁的环境和失业之间权衡？
- 我们如何才能防止环保运动变成一场富人对穷人的战争，一场新的并且非常恶毒的由白人种族主义者主导的"帝国主义"运动？
- 我们能做些什么来协调世界范围内的环境需要和其他国家的政治经济需要，并防止西方的领导演变成西方的侵略？
- 我们如何才能以最小的代价，在环境破坏与贫穷儿童大饥荒之间，或者在环境破坏与大规模流行病之间取得平衡？

这是环境犯罪吗

20多年前，三位年轻的化学工程师来找我求教。他们为一家大型化工公司工作，该公司的经理指派他们去弄清楚在贫困肆虐的西弗吉尼亚州应该建什么样的新工厂。这三位年轻人制订了一个系统地创造就业机会的长期计划，但是这个计划中包括了该公司的高层管理人员非常怀疑的一个项目——在最贫困的、几乎所有人都处于失业状态的地区建立铁合金工厂。该项目将为这个只有1.2万人的垂死小镇创造1500个工作岗位，并为失业的煤矿工人提供800个干净、对健康危害较小、安全的工作岗位，因为新煤矿将露天开采。

但该工厂将不得不使用一种已经过时的高成本工艺，这是唯一可以利用在当地获取的原材料的工艺。这种工艺的成本很高，而且产品质量没有保证。此外，这是一种非常"肮脏"的工艺。如果采用最有效的污染控制措施，将会使工厂的经济效益更加大打折扣。然而，这是唯一可能被建在最贫困地区的工厂。关于这件事，这三位化学工程师征求我的意见。

我说："忘了它吧。"这当然不是这三位年轻人想听到的说法，也不是他们最终听从的建议。

无疑，一些读者可能已经意识到，这就是联合碳化物公司（Union Carbide）建在俄亥俄州玛丽埃塔的一座工厂成为臭名昭著的"环境罪犯"之前的故事。在1951年首次投产时，这座工厂是一位"环保先锋"：它的洗涤器能够处理冶炼炉喷出的3/4的颗粒，而当时的标准是它的处理能力的一半或更少；它的烟囱能比当时建造的任何其他发电厂抑制更多的飞灰，当然还有更多诸如此类的环保措施。

但不到 10 年，这座工厂就已经成为西弗吉尼亚州维也纳地区一个令人无法忍受的污染源（维也纳是与该工厂隔河相望的一个小镇，修建这座工厂原本是为了缓解那里的失业状况）。在那之后的 5 年里，这个小镇和联合碳化物公司像野猫一样争来斗去，最后联合碳化物公司一败涂地。但是，就在联合碳化物公司最终接受联邦政府和俄亥俄州政府的命令，改进极其肮脏的生产工艺的同时，它宣布将不得不解雇正在工厂里工作的 1500 名工人中的一半，这也是该公司在维也纳雇用的工人的一半。此外，改用更清洁的煤炭也会让来自偏远贫困地区的 800 名煤矿工人失业，更别提放弃露天开采了。

美国有许多像维也纳小镇一样的地区，那些游离在环保边缘的工厂之所以能够正常运转，是因为它们是萧条或衰败地区主要或唯一的雇主。一家经济不景气的工厂是否应该关闭，然后把它雇用的工人丢进领取福利与救济的名单里？工厂是否应该得到补贴（这可能会使得每个人都想从公共开支中分一杯羹）？在较为困难的情况下，为保护环境而制定的标准是否应该被忽视或推迟实施？

如果对环境的关注会被认为有损工人的生计，公众对环保运动的同情以及政治支持可能就会消失。不难想象，仅仅几年之后，那些上了年纪的新左翼（New Left）、那些校园里关心环保的孩子以及联邦政府的部长将参加反对环保、支持"资产阶级环保主义的受害者"的抗议游行。

发展中国家的生态

在贫穷的发展中国家，人们想要取得哪怕一点点进步，都必须努力与苦难做斗争，每个产业都因此承受着高成本和低生产率的沉重负担。如果在环保方面增加成本，这些产业所承受的负担将会加重，且极有可能使这些产业因此覆灭。此外，无论选择何种政治信仰或社会组织，发展中国家的发展都离不开四大产业（即电力、化肥和农药、汽车、钢铁）的规模的快速扩大，而这些产业恰恰都是破坏生态的罪魁祸首。

经济相对落后的国家将这些会造成严重环境污染的产业视为经济的救星，这使我们面临艰难的政治抉择：我们是应该帮助这些国家得到它们想要的工业化，还是应该使这个世界少一些污染？在上述两种情形下，我们怎样才能避免让人们把我们的帮助视为"帝国主义行径"？更为复杂的是，环境问题和国家主权之间的冲突正在显现。环境问题并无国界之分，就像英国的烟雾污染了挪威的空气一样，在法国阿尔萨斯地区开采钾盐矿产生的化学废料，也破坏了位于比利时和荷兰的莱茵河下游的鱼类的生存环境。

无论今天的统计数据如何，美国都不是世界上污染最严重的国家。日本在获得这一"殊荣"上遥遥领先。在空气污染方面，没有哪个美国城市能真正比得过东京、米兰、布达佩斯、莫斯科或杜塞尔多夫；在河流污染方面，没有哪条美国河流的肮脏程度能像莱茵河下游、塞纳河以及乌克兰工业地区的第聂伯河下游一样，它们已成为完全开放的"污水管道"；在高速公路上乱扔垃圾方面，与意大利人、丹麦人、德国人、法国人、瑞典人、瑞士人、奥地利人相比，美国人完全是"业余选手"，而日本人显然"更胜一筹"，尤其是在山坡和露营地乱扔垃圾方面。

美国虽然不是世界上污染最严重的国家，但显然是世界上存在环境污染的国家中最大的一个。更重要的是，作为最富裕、最先进和最大的工业国家，美国有望树立环境保护的榜样。如果美国不发起环保运动，世界上就没有哪个国家会发起了。

然而，我们必须确保其他国家加入我们的环保阵营。在缺乏国际条约和法规约束的情况下，一些国家可能会对进口商品采用比它们对本国生产者的要求更严格的环保标准，特别是那些有保护主义传统的国家，如日本、法国，甚至美国。另外，严重依赖出口的国家，特别是非洲和拉丁美洲的国家，可能试图通过放宽环保标准来获取竞争优势。

上述问题的一个解决办法便是联合国采取行动，通过制定统一的规则，责成联合国的所有成员保护环境——这项行动目前已被正式提上研究日程。美国可以通过改变进口政策来阻止那些明目张胆的污染者生产的商品进入，同时给那些有严重贫困和失业问题的国家充足的时间来进行环境治理。在美国历史上，这种做法有很好的先例。40年前，我们通过禁止由儿童生产的商品的跨州贸易，制止了雇用童工的罪恶行为。

然而，这样做，需要我们具备非凡的判断力。除非我们能说服其他国家加入我们的行动，并且我们自己能树立榜样，否则我们很有可能再次被指责为试图做"世界警察"。

两害相权取其轻

关于环境保护，我们一直在进行艰难的抉择，而未来我们要面对的抉择只会更加艰难。哪些环境风险是我们能承担的，哪些是我们不能承担的？在人类的各种生存需要之间如何进行权衡与抉择？

例如，目前没有一种杀虫剂是安全的，而且安全的杀虫剂在短期内也不会出现。我们可以禁止使用DDT，但迄今为止，新研发出来的所有替代品的性能都不够理想。如果完全放弃使用杀虫剂，我们将使世界各地面临疾病和饥荒的巨大威胁。在疟疾曾经肆虐的锡兰[一]，DDT 的大规模使用几乎完全终止了疟疾的发生与传播，但在停止喷洒 DDT 后的短短几年之内，该国遭受了疟疾的近乎爆发性的反扑。联合国粮农组织警示说，其他热带国家限制喷洒 DDT 的禁令导致农作物因遭受病虫害而不断枯萎，这些国家的儿童正面临着饥荒的威胁。同样，最近去过新英格兰收费公路的人会注意到，由于我们停止了 DDT 的空中喷洒，整片森林的树叶都受到了舞毒蛾的破坏。

对于女性来说，如何在服用避孕药所带来的健康危害与堕胎所带来的死亡风险之间做出正确的权衡？核电站有造成热污染和辐射的危险，而为了治理其他类型的环境污染却需要更多的电力，我们如何在这两者之间求得平衡？在为了满足世界上快速增长的数百万人口的生存需要而种植更多的粮食，与禁止使用会污染河流、湖泊和海洋的化肥之间，我们又该如何取舍？

我们不应该强求人类去做这样的抉择。而且，也没有哪个一个伟大的宗教能够为此提供指导。就连现代的各种"主义"也无法做到。环境危机迫使人类扮演上帝的角色。尽管无法胜任这项任务，但我们亦无可回避。拒绝解决这些问题，会造成极大的风险，因此，我们必须尝试去选择一些危害相对较小的解决方式。无所作为只会招致更大的灾难。

从何处着手

保护环境需要有明确的目标和期限，我们必须下定决心并付出持续的努力。最重要的是，我们所有的努力需要聚焦。迄今为止，我们的行动完

[一] 今斯里兰卡。

全是分散的，每件事我们都尝试着把它当作最紧要的事情去做，但我们最应该做的，是按照事项的优先级列出一个恰当的清单。

在这张清单上，首先列出的应该是一些很小的任务，这些任务该怎样做非常明确，这些任务可以在预期的时间内快速完成且不需要占用重要资源。消除旧棚户区的铅中毒危险便可能是这样的一项优先任务。大家都知道该怎么做：烧掉旧油漆。大量无事可做的黑人青少年，可以被很容易地招募过来，从事这项工作。

一旦取得了显著的成效，就可以开始真正确定优先事项了。接下来可能有人会提出两个问题：一是我们已经获悉其解决之道的最大问题是什么？二是我们目前还不知道该如何去解决的真正的大麻烦是什么？对于第一个问题，治理空气污染应该排在第一位。它是一个全球性问题，而且越来越严重。虽然我们还不知道所有的解决办法，但我们确实有技术能力来处理大多数空气污染问题。10年之内，我们的努力应该会看到实效。

同样，10年之内，我们应该在治理大型工业城市周边水域污染方面取得重大成效，我们应该减缓（即便还无法完全停止）海洋的大规模污染，特别是在美国沿海城市附近的水域。

对于第二问题，即需要优先进行研究的事项，我认为：首先，要研发出一种比我们现有的任何方法都更便宜、更有效、更能够为来自所有文化背景的人类所接受的避孕方法；其次，我们需要学习如何获取没有热污染的电能；最后，是为全世界迅速增长的人口发明新的种植作物的方法，此种方法能够避免使用会对环境造成不可逆破坏的杀虫剂、除草剂和化肥。

在我们就上述问题形成共识之前，我认为我们最好保持现状，继续建造发电厂，继续使用化肥和杀虫剂种植粮食。由于环保主义者的努力宣传，现在我们所面临的风险已众所周知。如果没有他们引导公众对环境危机形成的广泛认识，我们就无法真正去解决这些危机。但光有这种认识是不够的。红色预警和末日预言无法提供更多的帮助，寻找替罪羊只会让事情变得更糟糕。

我们现在需要的是一个一贯的、长期的行动计划，同时要教育公众和立法者采取必要的措施来落实它。我们必须尽快做出艰难的选择，确定要解决的首要问题。而我们所做的每一个决定都将涉及高风险和高成本，包括金钱和人类的生命。在通常情况下，这些决定必须既是出于良心的考虑，也是出于经济的考虑。例如，是冒遭受饥荒的风险更合适，还是应该冒全球的土壤和水资源遭受污染的风险？这个进程中的每一步都要经过大量的实验，这就意味着可能会有失败。采取任何必要的措施，都可能需要做出牺牲，而这些牺牲往往是由那些最无力承担的人去承担，包括穷人、缺乏技能的劳动者和欠发达国家。我们必须清楚，我们无法同时完成所有工作，我们需要环保主义者的帮助。为了取得成功，环保运动需要得到社会所有主要团体的支持，需要动员我们所有的物质和智力资源，需要我们持续多年一起付出艰苦、缓慢而且可能往往令人沮丧的努力。否则，这项任务不仅会失败，还会在实施过程中使国内和国际社会分裂成彼此剑拔弩张的不同派系。

现在环保主义者已经成功地唤醒了我们对环境危机的警觉，我希望他们可以将精力转向下一个更困难的任务，那就是教育公众接受我们必须面对的选择，并且让全球共同努力来贯彻我们最终的决定。唤醒公众感知和发表宣言的任务已经结束了，现阶段我们需要的是严谨认真的分析、团结一致的努力以及异常艰苦的工作。

第 3 章 | CHAPTER 3

商业与技术㊀

一个多世纪以来,科技一直是头版新闻,今天更是如此。但是对于所有关于科技的讨论,人们并没有付出太多的努力去理解或研究它,更不用说管理它了。虽然经济学家、历史学家和社会学家都在强调科技的重要性,但他们倾向于用"善意的忽视"来对待它,如果不是完全蔑视的话(关于这一点,请参阅本文最后一部分内容)。

更令人惊讶的是,企业和商界人士在理解科技方面所做的事情少得惊人,在对科技进行管理方面就更少了。在很大程度上,现代企业是科技的产物。可以确定的是,大型商业组织的出现主要是商业领域对科技发展的

㊀ 本文首次发表于《劳动、技术与生产力》(*Labor, Technology and Productivity*)(朱尔斯·贝克曼主编,纽约大学出版社,1974 年)。

回应。从18世纪英国的纺织业开始，当新的发电技术（最初主要是水力发电）出现时，现代工业就诞生了。这种发电技术使制造业的生产活动可以扩大到家庭和手工作坊之外，可以在现代工厂中进行。今天的大型企业源于第一个大生意，也就是19世纪中期修建的大铁路。大铁路是科技创新的产物。从那时起，"成长型行业"（即发展迅速的新行业）在很大程度上都是新技术的产物，包括今天的计算机和制药行业。

与此同时，商业日益成为科技的创造者。技术创新越来越多地来自工业实验室，并在商业活动和企业内部应用中发挥作用。逐渐地，科技借由企业成为一种创新，在经济活动和社会组织中发挥效用。

然而，大多数企业管理者仍然认为科技本身是"不可预测"的，无法被管理者完全掌控。从组织和管理的角度来看，与科技相关的活动仍然趋向于从企业的主要工作中分离出来，成为一种和主要业务分离的甚至完全不同的研发活动，虽然它是在企业中进行的，但并不能被视为真正的业务活动。直到最近，商业界的经理们通常都不认为自己是科技的守护者，也不关心科技所带来的影响和后果。

每一位企业管理者都应该清楚，这样做已经跟不上时代的变化了。这也是本文真正的主旨，企业管理者必须认识到科技发展既为企业提供了机遇，也为企业带来了责任。具体来说，这意味着企业管理者需要认识到以下三个方面的事实。

1. 科技发展并不比经济或社会的发展更加神秘。它是可以被理性预期的，也需要被理性预期。企业管理者必须掌握科技的发展动态。至少，他们必须了解科技变革在经济方面可能对哪些领域产生重大影响，以及如何将科技变革转化为经济成果。

2. 科技发展与业务运行并非分离的，同时，不能以当前的方式对科技进行管理。无论"研发"部门或从事研究的实验室扮演什么角色，整个企业必须被建设成一个有创新能力的组织，它必须能够进行科技（以及社会和经济）方面的创新与变革。这就需要企业在结构、政策及态度上做出重大改变。

3. 企业管理者需要关注科技对个人、社会和经济所造成的影响和后果，就像关注他自身的行为所造成的其他影响和后果一样。这不是在谈论社会责任，不是在探讨对社会上发生的事情（例如少数民族问题）承担的责任。我们谈论的是对自身行为所造成的影响必须承担的责任。人总要为自己的所作所为负责。

在过去的10年里，"对科技不抱幻想"的报道时常见诸报端，这种"觉醒"绝不是近代史上的第一次。事实上，自18世纪中期以来，类似的"觉醒"现象每隔50年左右就会发生一次。然而可以肯定的是，科技在20世纪的最后几十年将变得更加重要，与刚刚过去的几十年相比，科技的变化也将更为显著。而且，诸如能源危机、环境危机和现代城市社会问题之类的麻烦也使得科技变革成为必然。事实上，可以预见的是，在接下来的25年里，我们将看到与"英雄时代"（即从19世纪中期到一战爆发前的60年）一样多并且一样迅速的科技变革。1856年，珀金爵士发现了苯胺紫；1866年，西门子设计了第一台可实际运行的发电机；1911年，真空管和现代电子学的发明结束了"英雄时代"，"现代世界"诞生了，"后现代世界"也在孕育之中。在"英雄时代"，平均每15～18个月就会有一项新的重大发明出现，紧接着就会有一个基于这项发明的新产业出现。未来的25年或30年，很可能比一战后的50年更像19世纪末的"英雄时代"。从科技上讲，一战后的 50 年是改进和调整的年代，而不是发明和创造的年代。对于那些一贯对科技持传统态度的企业和商人来说，技术是"神秘的"，是"外部的"，是其他人应该负责的东西，因此他们将科技视为一个致命的威胁。但对于那些认为科技是自己的工具以及推动科技发展是自己的责任的企业和企业家来说，科技将带来巨大的机遇。

对科技发展进行预判与规划

科技的不可预见性存在于人们对过去的记忆里。的确，这句话在很大程度上构成了普遍存在的"对科技的恐惧"。但要说发明创造是无法预料和计划的，则并不符合实际。事实上，使得 19 世纪伟大的发明家爱迪生、西门子或莱特兄弟真正伟大的，正是他们知道如何对未来的科技进行预判，确定什么是需要的，什么有可能产生真正的影响，并为那些可能最大程度地对科技发展产生影响进而对经济发展产生巨大影响的活动制订具体的行动计划。

就创新而言，我们能够预判并提前制订计划。事实上，我们必须对此做出预判并对其可能产生的效果有所规划。当然，企业家更关心的是创新而不是发明。创新不是一个科技术语，而是一个社会和经济术语，它指的是通过新方法来改变利用资源创造财富的能力。创新与发明并不完全相同，尽管创新通常会伴随发明而来。谈及创新，我们关心的是它对经济能力（也就是生产和利用资源的能力）所造成的影响，这是企业通常会参与的领域。

应该说，科技并不比其他任何东西更"可预测"。事实上，仅仅对科技做出预测是无用的，甚至可能产生误导。直到今天，100 年前的法国科幻作家儒勒·凡尔纳（Jules Verne）仍被人们铭记，因为他的预言被证明有着惊人的预见性。不过人们忘记了，儒勒·凡尔纳只是19世纪晚期的几百位科幻小说家之一。实际上，与近10年相比，19世纪堪称科幻小说的黄金时代。在当时还有另外的几百位科幻小说家，他们的受欢迎程度与儒勒·凡尔纳不相上下，有时甚至会超过他，但他们的预言却没那么准确。但更重要的是，在那个时候没有人能够实现儒勒·凡尔纳的预言。对于当时的大多数人来说，将儒勒·凡尔纳预言中的科技创造出来所需要的科学基础在当时并不存在，而且在未来很多年里也不会出现。

对于企业家以及经济学家或政治家来说，重要的不是做出预言的能力，而是实施行动的能力。而且，实施行动的能力并不是以预测为基础的。

但科技是可以被预判的。通过分析现有的商业、产业、经济和市场，找出哪些领域需要科技变革且可能具有经济效益，这并不难——尽管并不容易。然而要想看到那些新的、有效的科技在哪些领域会具有很大的潜力，就不那么容易了，虽然这仍然在人类的能力范围之内。

我们可以直截了当地说，只要一个行业的需求很高且不断上升，而且没有展现出相应的盈利能力，那么它就需要并且有机会进行重大的科技变革。人们可以在这样的假设上达成共识：在这样的行业中，现有的科学技术是匮乏的、落后的、没有经济效益的。这样的行业有很多，比如二战以来发达国家的钢铁业或造纸业。在这些行业的运行过程中，即使是微小的科技进步，也可以对该行业的经济性产生重大影响。因此，这样的行业要么在经济效益上有缺陷，要么在技术水平上有缺陷，要么两者兼有，它们可以成为"科技倾向型"的行业。

我们同样发现，企业的经济活动和市场结构在为新科技提供机遇方面，存在着弱点和限制。问题是，当前的业务和技术无法充分满足的市场和客户需求是什么，市场和客户还有哪些需求未得到满足？也就是说，进行市场规划的基础，是界定需要什么科技，哪些科技适合，哪些科技能以最低的成本带来经济效益等基本问题。

要确定哪些领域的科技创新既可行又高效，一个特别有效的方法便是去了解以下问题：我们在这个行业和这个业务领域中害怕什么？什么是所有人都断言"永远不会发生"，但我们却知道它完全有可能发生并会对我们产生威胁的事情？换言之，我们内心是否深知我们的产品和技术，以及我们用来满足市场和客户需求的方法并不是真正合适的，它们已无法再发挥良好的作用？面对这些问题，企业的典型反应是否认它们的存在。对于管理者来说，如果希望为了企业和社会的利益而对科技进行有效管理，他们就有责任克服这种近乎条件反射的反应，迫使自己和企业认真对待这些问题。我们需要的，并不总是新科技。我们需要的，也可能是转向新的市场或新的分销渠道。但如果不思考上述问题，就可能错过科技带来的机遇，这样一来，科技也就的的确确会被误认为是威胁。

在本文中只能做以简要介绍的这些方法，不仅适用于满足市场的需求，也适用于满足社会的需求，毕竟商人的职能是把个人消费者或社会的需求转化为商机。正是因为对这些需求的识别和满足，企业和商人才会得到报酬。当今在城市、环境或能源方面存在的主要问题，同样为新科技提供了机会，并且促使现有的科技转化为有效的经济行为。与此同时，从事科技管理的商人也必须从自己企业对新产品、新工艺、新服务的需要出发，来淘汰那些正在迅速过时的东西，也就是目前需要被淘汰的东西。因此，为了识别科技需求和科技带来的机遇，一个人需要做这样的假设：无论他现在做的是什么生意，都可能很快就过时。

这种方法假定目前所使用的产品、工艺和技术的生命周期是有限的并且也是相当短的，这样就形成了一个缺口。也就是说，由于产品和工艺尚未开发而带来的供给缺口将需要在 2 年、5 年甚至 10 年内进行填补。这就确定了技术开发的范围和所需的努力程度，因为它明确了现有产品和工艺可能过时的原因，并为它们的替代品确定了标准。

为了能够对技术的发展产生合理的预期，企业管理者需要了解科技动态，以便识别哪些是需要的，哪些是可能的，最重要的是识别什么样的科技能够提高生产力。科技并不神秘，它有规律可循，它的发展趋势可以被预判。它不是人们通常所说的"科学"，甚至也不是"科学的应用"，但它的确始于对新知识的掌握，然后在一个易于被人们理解的过程中，转化为有经济效用的成果，并得到应用。

科技的步伐

今天人们经常断言，与以前相比，科技正在以闪电般的速度发展，但目前尚无证据支持这一论断。人们同样断言，新知识转化为新技术的速度比以往任何时候都要快得多，但这显然也不是真的。恰恰相反，事实上，有很多证据表明，与 19 世纪相比，今天将新知识尤其是新的科学知识转化为科技需要更长的时间（如果和 19 世纪差不多，那至少和 18 世纪和更早的几个世纪相比确实如此）。这需要一个相当长的前置时间。

电灯使电气工业成为可能，不过从西门子成功设计出第一台发电机到爱迪生发明电灯，用了 20 多年的时间。从 20 世纪 40 年代初设计出第一台能运行的计算机到生产出真正的计算机，甚至花费了更长的时间，更不用说再加上开发软件的过程了。没有软件，计算机就成了一个"成本中心"，像早期的电力公司一样，而不是财富和（经济）资产的创造者。类似的例子不胜枚举。将新知识转化为有效的科技需要相当长的时间，在任何一个行业都是如此。虽然前置时间因行业而异，但即便是在所需时间可能最短的制药行业也要花费近10年，而不是10个月。

真正被缩短的是从新技术进入市场到它被普遍接受所需的时间。市场不会提供太多的时间来等待企业确立自己的领先地位，更不用说确立领导地位了。但即便如此，前置时间也没有像大多数人（包括大多数企业家）想象的那样显著缩短。在19世纪80年代，电灯和电话从被成功地发明出来到被全世界广泛接受只用了几个月的时间。就在爱迪生向受邀的记者展示了他发明的灯泡之后的5年内，除荷兰的飞利浦公司外，西方世界现存的每一家主要电气制造公司都在各自的市场上建立了自己的业务，并成了市场的领导者。电话及其相关设备也是如此。

换句话说，企业家的职责便是掌握新知识的动态，了解哪些可被接受并且可以应用，评估其可能对现有的科技带来的影响，并着手将其转化为科技，转化为工艺和产品。为此，他必须了解自己所在领域的科技。除此之外，最重要的是，他还必须知道重大的科技突破往往（如果不是经常的话）起源于一个与旧技术的知识基础不同的科学或知识领域。从这个意义来说，发展在本领域已经被有效应用的专业知识的这种典型的研究方法，很可能是阻止科技进步的障碍，而不是人们通常认为的推动科技进步的主要因素。换句话说，我们需要的是"科技专家"而非"科学家"。在推动科技进步上，一个对科技有良好"感觉"并对知识真正感兴趣的外行，往往比在科技领域受过高度训练的专家做得好得多，而后者很可能被自己所掌握的先进知识所束缚。

对于企业家来说，成为科学家甚至科技专家都是不必要的，甚至是不可取的。他的角色应该是一名科技的管理者，这需要他去了解科技的发展过程及最新动态。他需要愿意去提前判断未来的科技发展方向，最重要的是愿意接受一个事实，那就是今天的科技及由其产生的工艺和产品正在过时。他需要在企业的弱势和局限中，在市场和社会的需求中，去识别新科技能够带来的机会。最重要的是，他需要接受这样一个事实，即科技必须被视为重要的商业机会，而对这种机会的识别和利用正是企业家的价值所在。

具有创新精神的组织

如前所述，在接下来的 25 年里，很可能需要与之前相比更大的创新与科技变革。然而与 19 世纪形成鲜明对照的是，这些创新工作将必须在现有的组织或企业中完成，或者通过它们（尤其是企业）来完成。

人们常说"大企业垄断创新"，但事实并非如此。恰恰相反，在过去的 25 年里，小企业和那些新的完全不为人知的企业为成效显著的创新做出了极大贡献。施乐公司（Xerox）直到 1950 年还只是一家小造纸厂。即使是 IBM，直到二战，它在自己所处的办公设备行业中也还只是一家小公司，一个不起眼的小角色。今天大多数的制药行业巨头，在二战结束时也只是小公司或者刚刚成立不久。

不过科技变革的主要努力仍然越来越多地集中在经济发展和市场开拓

方面。这些并不需要"天才",需要的是大量的人才储备和大笔资金。然而无论是在商业机构还是在政府机构,人才和资金并不少。

所有现有的企业都必须成为具有创新精神的组织。在过去的50~75年里,我们的重点是正确地管理我们已经知道和理解的东西。科技创新的步伐甚至经济变革的步伐,在过去的75年里都异乎寻常地缓慢,这与普遍的看法正相反。

现在,企业将再次"创业"。而创业的功能,正如第一位伟大的欧洲大陆经济学家萨伊在近两个世纪前清楚地看到的那样,就是将现有资源从生产率较低的地区转移到生产率较高的地区。它不是通过发现新大陆来创造财富,而是通过为现有资源和已知并已开发的经济潜力找到新的、更好的用途来创造财富。而科技虽然不是实现这一目标的唯一工具,但是一个重要的工具,而且很可能是最重要的工具。

商业的首要任务可以被定义为对抗任何一个经济系统内存在的特定的"熵定律",即资本生产率递减的定律。卡尔·马克思正是基于这一规律,预言资产阶级制度即将灭亡。然而,在发达国家,资本生产率不仅没有降低,反而还在稳步提高,这与熵定律的假设相反。但卡尔·马克思的前提是正确的。如果放任自流,任何经济体都将朝着资本生产率稳步下降的方向发展。唯一能防止它不断下降并逐渐变得僵化的方法,便是通过创业,通过将资源从生产力低的行业转移到生产力高的行业来不断改善资本生产率。因此,越是在科技发达的社会和经济体中,科技就越显得重要。

在接下来的25年里,这个世界将不得不应对人口问题、能源问题、资源问题和基本的公共问题,发达经济体的城市所承担的功能可能会越来越重要，并且越来越独立于政治、社会和经济结构之外。也就是说，越来越与政治体制无关。

这就需要企业家学会如何建立和管理一个创新组织。通常来讲，人们关注的是创新组织的创造力和态度。然而，它真正需要的是政策、实践和结构。首先，它要求管理层能够对未来的科技需求进行预判，能够识别这些需求，并为后续致力于满足需求的行动制订计划。其次，它要求管理层有计划地放弃以前的那些做法，或许这一点更为重要。

"创造力"也会在很大程度上成为无所事事的借口。在大多数不能实现创新和自我改善的组织中，问题的症结就在于它们不能摆脱那些陈旧的、过时的、生产率低的业务，并且还会倾向于把最好的资源特别是优秀的人才分配给这些业务。任何人如果不能彻底清除废物，最终都会反受其害。要使一个组织具有创新性，就必须有一套完整的政策来系统性地清除那些生产率低、不再能够真正做出贡献的东西。最重要的是，一个创新型组织应该周期性地对每一种产品、每一种工艺、每一项活动都进行检验，比如每两三年一次。我们应该问自己："如果我们过去没有这样做，那么我们现在会开始去做这些我们已经知道自己应该去做的事情吗？"如果人们认同这一点，就不会问："我们应该抛掉过去吗？"而是会问："我们怎么做才能与过去说再见，这个过程需要多长时间？"

无论是企业、大学还是政府机构，它们都在系统性地摆脱过去，并且无须为自己的创造力担心。它们对新鲜事物有良好的接受能力，因此其管理的主要任务是，从大量的好想法中挑选出最有潜力做出贡献和最有可能实现的新想法。

但除此之外，创新型组织还需要具体的政策。它需要与创新型经济现实相适应的衡量方法和信息系统，而常规的、适度的、持续的投资回报率则不是正确的衡量标准。从理论上讲，创新在产生利润之前，需要投入大量的成本，它首先是一种投资，在很长一段时间之后才会有回报。不过这也意味着，创新的回报率必须远高于企业管理者在业务管理活动中规划的最高回报率。正因为准备时间长、失败率高，一个创新型组织中的成功创新，必须着眼于创造一个具有极大财富创造潜力的新业务，而不仅仅是为已有业务和已经完成的工作锦上添花。

最后，我们必须认识到，创新工作的组织和完成无法在主要负责当前和未来短期业务的经营管理部门中进行。它需要被单独组织，与其他部门在原则与结构上有所区别。最重要的是，创新工作要求在管理上更加自律，有更加明确的方向和目标，并且扩展到更大的范围。因此，虽然创新型组织是正在进行的业务的有机组成部分，但它需要在组织结构和经营管理上与其他部门分开。所以企业家要想建立和领导创新型组织，就必须同时具备两种能力：既能管理已知的东西，又能创造新的未知的东西。他们必须能够优化现有业务，并将未来业务的潜在机遇最大化。

对于大多数企业家来说，这样的想法很奇怪，甚至有些可怕。但那些分布在全球各个国家的、真正具有创新精神的企业，能够证明这项任务是可以完成的，而且确实具有可行性。事实上，我们最需要的是一种认识，一种到目前为止大多数管理学思想和几乎所有的管理学文献都缺乏的认识，即创新型组织是一个独特的、与传统组织完全不同的组织，如果仅仅是在经营管理组织上稍做调整，则不能称之为"创新型组织"。

对科技带来的影响负责

每个人都要对自己行为所带来的影响负责，这是法律最古老的准则之一，它也适用于科技。现在有很多关于社会责任的讨论，但最重要的并不是要对社会所做的事负责，而是对每个人自己所做的事负责。企业家对其行为带来的社会影响负有责任，科技也必须被纳入这一考虑当中。特别是"副产品影响"的问题，这些副产品并不是某一种工艺或产品的特定功能的一部分，它们并非有意而为之，既没有产生预期中希望看到的贡献，又增加了额外的成本。每一个无法转化为可销售产品的副产品都造成了一种浪费，因此都应该被算作成本。

企业的社会责任是一个非常大的话题。而无论今天如何广泛宣传，科技的影响都属于企业社会责任中相对较小的部分，但它们依然可能会产生实质性影响。因此，企业家必须考虑他的责任是什么，并且思考如何履行这些责任。

如今，人们对科技评估很感兴趣。也就是说，在进行新技术的研发和应用之前，要判断它的影响和副作用。美国国会已经设立了科技评估办公室，期望这家新机构能够预测哪些新科技可能会在未来变得重要，以及这些科技可能会产生什么样的长期影响。同时，期望它能向政府建言，提出应鼓励哪些新科技以及不鼓励哪些新科技（如果不是完全禁止的话）。

不过这一尝试将会以惨败告终。这种科技评估的工作很可能导致一些技术被错误地鼓励，而我们真正需要的技术却受到阻碍，因为新的技术在未来可能产生的影响通常会超出任何人的想象。

DDT 就是一个典型的例子。它是在二战期间合成的，用来保护美国士兵不受携带疾病的昆虫的侵害，尤其是在热带地区。一些科学家随后设想使用这种新的化学物质来保护平民。但在众多从事 DDT 研究的科学家中，没有一个想过要使用这种新型杀虫剂来抑制害虫侵害农作物、森林或牲畜。如果 DDT 被限制在最初开发时所设想的用途上，即用于保护人类，那么它永远不会成为一种环境危害。然而在 DDT 使用的高峰期，也就是 20 世纪 60 年代中期，用于保护人类这一目的的 DDT 在其总使用量中的占比不超过 5% 或 10%。农民和护林者们，在没有科学家帮助的情况下，发现能够杀死人身上虱子的 DDT 也可以杀死植物上的虱子，这使得 DDT 造成了对环境的大规模破坏。

另一个例子是发展中国家的"人口爆炸"。DDT 和其他杀虫剂的使用以及新的抗生素的使用，是导致这一现象的两个因素。然而这两者的发展完全是相互独立的，"评估"这两种技术的人谁都没有预见到这两者相结合所产生的影响。婴儿死亡率的急剧下降引发了"人口爆炸"，其中更重要的原因是两项不被人注意的古老"技术"：一是单独修建的公厕这一基本的公共卫生设施，这是亚历山大大帝之前的马其顿人所熟悉的；另一种是大约在 1860 年由一位不知名的美国人发明的用于门窗的金属丝网。在二战之后，甚至在热带地区的落后村庄也在一夜之间采用了这两种东西。这些因素综合起来，很可能就成了"人口爆炸"产生的主要原因。

与此同时，"专家"们预测的"科技冲击"几乎从未发生。其中一个例子就是专家们在二战期间和二战后不久预测的"私人飞行热潮"。当时我们被告知，由其所有者驾驶的私人飞机将会变得像在一战前后的 T 型汽车一样普遍。还有，城市规划者、工程师和建筑师中的"专家"们建议纽约市不要继续修建林肯隧道的第二条隧道，也不要在乔治·华盛顿大桥上修建第二层桥面,而是应在哈德逊河西岸修建一些小型机场。只需具备一些基础的数学知识便可证明这一"科技评估"的错误所在,那就是没有足够的空域用于空中通勤。但这些"专家"都没有想到这一点,当时没有人意识到空域是多么有限。与此同时,几乎没有"专家"预见到喷气式飞机首次研制出来时商业航空运输的扩张,也没有"专家"预见到喷气式飞机会导致大规模航空运输的出现,如今每天乘坐喷气式客机飞越一次大西洋的人数是以前每周乘坐一次大型客机的人数的12倍。可以肯定的是,跨越大西洋的旅行预计将会迅速增长,不过是通过乘坐轮船。在喷气式飞机刚出现的那几年,北大西洋沿岸的各国政府都在为建造新的超级豪华客机提供巨额财政补贴,然而乘客们却纷纷弃乘大型客机,转而乘坐新型的喷气式飞机。

又过了几年,每个人都告诉我们,自动化将会带来巨大的经济和社会影响。然而,它实际上没有产生任何影响。计算机的故事更加典型。在20世纪40年代后期,没有人预料到计算机会被企业和政府使用。虽然计算机的发明是一场"有重要意义的科学革命",但每个人都"知道"它将被主要应用于科学研究和战争。因此当时进行的最大规模的市场研究得出的结论是,到2000年,世界计算机市场最多只能消费1000台计算机。然而仅仅过了20年,全世界就一共安装了大约15万台计算机,其中大多数都被用于最普通的记账工作。

又过了几年,当企业开始购买计算机用于编制工资单或其他账单时,这些"专家"预测计算机将取代企业的中层管理者,这样一来,在首席执行官和基层管理者之间的职务就不需要人来担任了。"中层管理过时了吗?"20世纪50年代初,《哈佛商业评论》上的一篇被广泛引用的文章提出了这个问题。然而正是在这个时候，中层管理职位却开始了大规模的扩张。在每个发达国家，无论是在企业还是在政府机构中，中层管理职位数量在过去20年的增长速度是总就业人数增长速度的3倍，而且中层管理职位数量的增长与计算机使用量的增长是同期发生的。

在20世纪50年代早期，任何依赖科技评估的人都会撤销商学院的研究生院，因为它们可能会培养出找不到工作的毕业生。幸运的是，年轻人没有听从那些认为计算机或者中层管理职位缺少增长前景的说辞，大量年轻人选择进入商学院学习，就是为了得到计算机帮助创造的这些好工作。

虽然没有人预见到计算机对中层管理工作的影响，但每个"专家"都预言了计算机对商业战略、商业政策、商业计划和高层管理的巨大影响，然而事实上计算机对这些没有产生丝毫影响。与此同时，也没有人预见到20世纪五六十年代商业政策和商业战略领域的真正"革命"，那就是并购浪潮和大企业集团的成立。

预判的难度

就像在其他任何方面一样，人类在技术方面也没有做出预言的天赋。科技产生的影响实际上比其他方面的大多数发展和进步更难以预判。最重要的是，正如"人口爆炸"的例子所表明的那样，社会和经济影响几乎总是通过大量因素的综合作用产生的，而这些因素并不都是科技因素。每一个因素都有自己的起源、发展、动向，并且与在该领域从事研究工作的专家有关。某一领域的"专家"，例如流行病学专家，从不会考虑植物害虫。抗生素专家关心的是疾病治疗，而实际上出生率的激增主要是由众所周知的那些基本公共卫生措施导致的。

但同样重要的是，什么样的科技可能会变得重要并产生影响，什么样的科技会宣告失败（就像预言中会像T型车一样受欢迎的私人飞机），什么样的科技实际上产生的社会或经济影响非常小（就像自动化），这些都是难以预料的。此外，哪些科技会对社会产生影响，哪些仍然只是停留在技术层面，则更难以预料。最成功的预言家是儒勒·凡尔纳，他在100年前预言了出现于20世纪的大量科技，尽管当时很少有科学家或科技专家认真对待过他的预言。但是，凡尔纳完全没有预见到科技的任何社会或经济影响，他看到的只是维多利亚中期没有动态变化的社会和经济状态。反过来，经济和社会方面的预言家在对科技的预测方面表现得也相当糟糕。

因此，一个"科技评估办公室"可能产生的唯一影响，只能是保证许多末流科幻作家充分就业。

对科技进行监测的必要性

然而，我们不能忽视一个重要的危险：我们能够预见新科技影响的这种错觉，会导致我们忽视真正重要的任务。科技的确会产生重大影响，但它是一把双刃剑，利弊并存。这并不需要预言。我们需要对科技投入应用后的实际影响进行仔细监测。在1948年，几乎没有人能正确地预见计算机的影响，但在五六年之后，人们真切地看到了这些影响。有人可能会说："无论科技会产生何种影响，对于社会和经济来说，都不会是重大威胁。"在1943年，没有人能预测到DDT的影响。而10年后，全世界范围内的农民、护林人和牲畜饲养者都在使用DDT，DDT成了生态环境的影响因素之一。在此之后，本应该考虑需要采取哪些行动，在 DDT 尚未对环境造成重大影响的情况下开始研发农药，并且应该在粮食生产和环境破坏之间进行艰难的权衡，然而无论是当时 DDT 的无限制使用还是目前对 DDT 的完全禁止，都没有做到这些。

"科技监测"是一项严肃而且至关重要的任务。这并不是"预言"，而是唯一可能实现的事情。对于新科技，我们的判断并不能做到 100% 的正确，判断正确的可能性大约只有 1%，如果鼓励了错误的科技或阻碍了最有利的新科技的发展，造成的伤害可能会更大。需要关注的是正在发展中的且已经产生重大影响的科技，这些影响已经足够我们去判断、衡量和评价了。

最重要的是，监测发展中的科技所产生的社会影响是管理者的责任。

不过，一旦识别出负面影响，我们应该做什么？在理想情况下，应该消除负面影响。负面影响越小，产生的"成本"就越低，无论是实际的业务成本、外部成本还是社会成本。因此企业一开始就承担着消除这些负面影响并将其转化为"商业机会"的责任。

只要能做到这一点，问题就会迎刃而解。或者说，新的科技就会转化成一项有利可图的业务，为社会做出贡献，并为企业和企业家带来适当的利益。但如果做不到，根据过去 20 年的情况来看，企业就应该认识到思考什么是合适的监管方式其实是企业的任务。负面影响迟早会变得难以承受。你的公关人员也许会告诉你公众并不担心这些负面影响，这不是一件好事，这些负面影响会对任何试图控制它们的尝试做出消极反应，所以迟早会出现"丑闻"。如果企业对问题没有先见之明，不能找到正确的解决方案对影响实施恰当的监管，那么它就会受到侮辱和惩罚，而且这些惩罚恰如其分。

这不是流行的说法。流行的说法断言这些问题很明显，但事实并非如此。事实上，在 20 年前甚至 10 年前，如果有人要求通过监管来减少发电厂造成的空气污染，那么他将会被认为是"消费者的敌人"和"以利润的名义"想要提高电价的人。当许多电力公司提请监管委员会注意这个问题时，监管委员会就是这样的态度。当福特汽车在 20 世纪 50 年代早期推出安全带时，它几乎失去了市场。每次制药公司小心翼翼地指出使用新的高活性药物所需要的药理学、生物学和生物化学知识比大多数执业医生所能掌握的要多的时候，制药公司都会被医疗行业狠狠地攻击。

但我认为，上述例子也表明，这种公关态度是完全不恰当的，甚至会弄巧成拙。如果忽视技术产生的负面影响，并愿意接受"没有人担心它"的说辞，那么招来惩罚就为期不远了，而且这样做的后果远比变得不受欢迎严重得多。

因此，在科技监测方面，企业家首先要建立一个预警系统来识别负面影响，尤其是意料之外的、不可预见的负面影响，然后他必须着手消除这些负面影响。必须再次指出，最好的方法就是将消除这些负面影响的任务转化成可以盈利的商业机会。但如果做不到这一点，那么最好的做法就是对必要的公共监管进行思考，并尽早开始对公众、政府以及自己的竞争对手和商界同事进行教育。否则，企业将会遭到严重的惩罚，而我们解决"后工业时代"的社会核心问题所需要的科技将会遇到越来越大的阻力。

结　论

目前，科技已不再像从前一样是管理领域的"灰姑娘"。但是，她是会成为王子的美丽可爱的新娘，还是会变成童话中邪恶的继母，还有待论证。

它的走向将在很大程度上取决于企业管理者管理科技的能力和意愿。同时它的走向也将在很大程度上决定企业的走向。我们需要新科技，无论是重大的"突破"，还是那些新闻头条很少关注的在技术上成就虽小但在经济上很重要且富有成效的变化。如果一家企业不能提供这些新技术，那么它就将被取代，而且应该被取代。科技管理也将不再是一项交给研发部门的技术人员去完成的独立的活动，它将变成管理的核心任务。

对历史文献的注解

主流学科对科技缺乏严肃的关注和研究，这着实令人感到困惑，因此有必要在此处提供一些历史文献，以供参考。

19世纪的一位经济学家经常强调科技极其重要，但他也只是对科技表示重视。在他的学术体系中，科技处于边缘地位，他把科技归为"外部影响"，类似于地震、蝗虫、风和天气等难以理解、不可预测的东西，而且他不认为科技有什么值得尊敬的地方。科技可以用来解释那些不符合经济学家理论模型的现象，但它不能作为模型的一部分。而一位20世纪的凯恩斯主义经济学家，甚至没有像他的这位19世纪的前辈一样重视科技，他根本不理会它。当然例外是存在的，伟大的奥地利裔美国经济学家约瑟夫·熊彼特在其关于经济发展动力学的第一部（也是他最著名的）著作中，将创新者置于其经济学体系的中心位置，这里的创新者在很大程度上指的是科技创新者。不过熊彼特几乎没有找到继任者。在世的经济学家中，只有科罗拉多大学的肯尼斯·博尔丁⊖（Kenneth Boulding）似乎对科技略有关注。无

⊖ 1910—1993。德鲁克撰写本文时，博尔丁仍在世。——译者注

论是凯恩斯主义、新凯恩斯主义还是弗里德曼主义等学派的经济学家都和前工业学派的经济学家（比如亚当·斯密之前的重商主义者）一样，对科技关注甚少。不过，他们并没有为忽视科技找很多借口。

总的来说，历史学家对科技的关注甚至比经济学家还要少，科技或多或少被认为不值得人文主义者关注。直到现在，即便是经济历史学家也很少关注科技。从刘易斯·芒福德（Lewis Mumford）1934年在纽约哈考特出版社（Harcourt Brace）出版的著作《科技与文明》（Technics and Civilizations）开始，历史学家才表现出将科技作为一个研究课题的兴趣。直到20多年后，对科技史进行系统性研究的工作才正式启动，代表性著作是1954~1958年由英国伦敦的牛津大学出版社出版的《科技史》（A History of Technology）五卷本，由查尔斯·辛格主编。不久之后，科技历史协会（Society for the History of Technology）于1958年在美国成立，并出版期刊《科技与文化》（Technology and Culture）。

对科技与历史的关系做出进一步讨论的代表性著作有：牛津大学出版社于1967年在纽约出版的，由梅尔文·克兰兹伯格（Melvin Kranzberg）和小卡罗尔·珀塞尔（Carroll W. Pursell Jr.）主编的美国第一本科技类教科书《西方文明中的科技》（Technology in Western Civilization）第2卷；以及1970年由哈珀与罗出版公司出版的我的论文集《技术与管理》（Technology, Management & Society），其中有几篇论文对这个问题讨论得尤其详细，包括首次发表于《科技与文化》（1959年冬季刊）的《工作和工具》（Work and Tools）、《科技革命》（The Technological Revolution），首次发表于《科技与文化》（1961年秋季刊）的《技术、科学与文化关系评注》（Notes on the Relationship of Technology, Science and Culture），以及1965年12月以主席演讲的形式在科技历史学会宣读并首次发表于《科技与文化》（1966年春季刊）的《第一次科技革命及其教训》（The First Technological Revolution and Its Lessons）。加利福尼亚州的中世纪学家小林恩·怀特（Lynn White, Jr.）在科技变革对社会和经济的影响方面做了开创性的研究，特别是他的《中世纪科技与社会变革》（Medieval Technology and Social Change）一书，该书由牛津大学出版社于1962年在英国伦敦出版。但唯一成功地将科技融入历史特别是经济史的著作，是哈佛大学经济历史学家大卫·兰德斯（David S. Landes）的1969年由剑桥大学出版社在伦敦出版的《解除束缚的普罗米修斯：1750年迄今西欧的技术变革和工业发展》（Unbound Prometheus: Technology Change and Industrial Development in Western Europe: 1750 to the Present）。在英语国家之外，只有一位历史学家对科技给予了关注，即德国的弗朗茨·施纳贝尔（Franz Schnabel），他的《德国十九世纪史》（Deutsche Geschichte im Neunzehnten Jahrhundert），于1929~1937年由德国贺德（Herder）出版社在弗莱堡出版。

也许更令人困惑的是社会学家的态度。虽然"科技"这个词可以追溯到17世纪，但在18世纪晚期，它第一次成为一个被广泛使用的术语、一个口号，如果不是作为早期社会学家宣言的话。例如，1794年第一所科技大学被命名为巴黎综合理工大学（Ecole Polytechnique），这明确表明了科技对社会及其结构具有十分关键的重要性。而早期的社会学之父，尤其是伟大的法国社会学家圣西门（Saint-Simon）和奥古斯特·孔德（Auguste Comte），的确把科技看作社会中一股伟大的解放力量。之后的卡尔·马克思虽然呼应了其中的一些观点，但他把科技归入了次要现象的范畴。从那时起，社会学家就倾向于追随马克思，不再把关注的重点放在科技上，而是放在财产关系、亲属关系或其他方面。在20世纪的主要社会学理论中，从马克斯·韦伯到马尔库塞，从列维·布留尔到列维·斯特劳斯和塔尔科特·帕森斯，科技几乎从未被提及。对于社会学家来说，科技要么根本不存在，要么就是一个说不清道不明的"恶棍"。

换句话说，学者们还没有对科技展开详尽的研究。科技是人类的一种工作方式，是人类这个生物体有限的物理功能的延伸，是人类思想史和智力成就的重要组成部分，也是会对人类产生深远影响的一项重大成就。然而，企业家不能等待学者去进行这方面的研究工作，从现在开始，他必须管理科技。

CHAPTER 4 | 第 4 章

跨国公司与发展中国家：神话和现实㊀

I

在关于跨国公司和发展中国家的讨论中，跨国公司的朋友和敌人都经常会提出四种假设。不过这四种假设都是错误的，这在很大程度上解释了关于这些问题的辩论为何言辞那么尖刻，以及许多发展政策为何总是劳而无功。

这四种尽管错误却被普遍接受的假设是：第一，发展中国家对跨国公司很重要，即使它们不是"企业资本主义"的支柱，也是跨国公司销售、

㊀ 本文首次发表于《外交季刊》（*Foreign Affairs: An American Quarterly Review*），1974 年 10 月。

收入、利润和发展的主要源泉；第二，外国资本，无论它是来自政府还是来自企业，都可以为经济发展提供所需资源，特别是资本资源；第三，跨国公司拥有跨越国界的、在全球基础上整合和分配生产资源的能力，从而使国家的经济利益服从国际的经济利益，使发展中国家的国家利益服从全球化的经济发展；第四，19世纪传统的公司组织形式，即在国外拥有全资子公司的母公司，也是适用于20世纪跨国公司的组织形式。

II

然而现实究竟如何？

首先，采掘业企业必须去任何已经发现了石油、铜矿或铝土矿的地方进行采掘，无论是在发展中国家还是在发达国家。但对于典型的20世纪跨国公司（如制造、分销或金融公司）来说，发展中国家既不是重要的市场，也不是重要的利润创造者。事实上，可以坦率地说，如果来自发展中国家的销售收入和利润突然消失，发达国家的主要制造、分销和金融公司几乎都不会注意到。

根据我所掌握的有关全球主要的北美和欧洲的跨国公司中的大约45家制造商、分销商和金融机构的内部机密数据显示，占巴西面积2/3的贝洛奥里藏特（Bello Horizonte）以南的发达地区是一些跨国公司的重要市场，巴西位居这些跨国公司的前12个主要销售地区之列，也是它们的两个主要收入来源地之一。巴西中部和南部虽仍然贫穷，但显然已不能再被称为"欠发达"地区。相反，在我所掌握的数据中，印度和墨西哥这两个拥有最大市场的发展中国家为跨国公司创造的销售收入，甚至没有超过这些公司在其母国单个的主要销售区域的销售收入，无论是德国汉堡北部、英国中部，还是美国的堪萨斯城。

在多数大公司最常用的关于全球月度或季度销售收入和利润的图表中，几乎没有一个发展中国家出现在我的 45 家大型跨国公司的样本中，除了部分地区（如拉丁美洲或其他地区）。

这些公司在发展中国家的业务盈利能力均比在发达国家低大约 2 个百分点，但制药行业除外，该行业的销售回报率和投资回报率基本相同。一般来说，在一个发展中国家开展一项新业务需要较长的时间（18 个月到 3 年）才能达到收支平衡，并且增长率也明显较为缓慢，但制药行业依然是个例外。事实上，在过去的 25 年里，这 45 家有代表性的公司的销售收入增长或利润增长的 75%～85% 都来自发达国家。以定值美元计算，这 45 家公司在发达国家的营业收入在过去 10～15 年里翻了一番，甚至超过了一番，而它们在发展中国家的营业收入增长不超过 1/3。

公开发布的数据虽然较少而且不够充分，但也显示了同样的事实。只有对采掘业而言，少数几个发展中国家才在利润来源、业务增长和资本投资方面显得较为重要。

当然，出现上述情况的原因在于销售、业绩增长和利润才是市场和购买力的体现，这与重新流行的古老的"资本主义的帝国主义"理论正相反。

然而，对发展中国家来说，跨国公司既非常重要，又极其引人注目。

在大多数发展中国家，一家雇用 750 名员工、每年销售 800 万美元商品的工厂可算作大型企业，是普通员工和管理人员的主要雇主。然而，对于这些工厂的母公司——拥有 9.7 万名员工、每年商品销售收入近 20 亿美元的跨国公司来说，这种规模的工厂算不了什么。鹿特丹、慕尼黑、伦敦或芝加哥的高级管理人员几乎不会在这些工厂上面花费太多时间。

发展中国家对跨国公司的不满并不在于"剥削"，而在于忽略和漠视。事实上，那些对发展中国家感兴趣的大型跨国公司的高层管理人员经常被批评忽视了主要的业务领域，而把太多时间和精力投入到了"外围利益"上。考虑到企业的实际情况，考虑到市场、增长机会和盈利机会，这样的批评不无道理。

对于一家跨国公司来说，其位于发展中国家的子公司对于其东道国显得很重要，而对于这家跨国公司的整体业务来说却并无多大的重要性和存在感，这种差异带来了一个重要的问题：在发展中国家，一家拥有750名员工和800万美元年销售收入的企业，它的负责人必须是一个重要人物，尽管与它的母公司在德国、英国或美国的业务相比，它的业务显得微不足道，但同样困难重重。事实上，它在发展中国家开展业务很可能会更困难、风险更大、要求更高。它的负责人必须能以对等的身份与所在国家的政府领导人、银行家和企业家打交道，而这些人甚至是它的母公司在汉堡、鹿特丹或堪萨斯城的销售经理从未见过的。而且，它的销售收入和利润却不如汉堡、鹿特丹或堪萨斯城地区，在大多数情况下，它的业务增长潜力甚至会更低。

传统跨国公司的结构无法解决两种现实之间的冲突：一方面是子公司的高级管理人员在发展中国家开展工作所需要具备的资格、能力以及职位、威望和权力，另一方面是子公司仅仅是跨国公司的一个"销售区域"。

III

关于跨国公司和发展中国家的讨论的第二个主要假设是：来自国外的资源特别是资本，可以使一个国家得到发展。

但是，首先，没有一个国家是因为缺乏资源而欠发达的，"欠发达"指的是无法充分利用资源。事实上，我们应该讨论的是一个国家的生产率高还是低，而不是一个国家"发达"还是"欠发达"。而且，很少有国家真的缺乏资金，当然，新几内亚可能除外。发展中国家拥有资本，但并不能充分利用。发展中国家真正缺乏的是充分调动资源的能力，无论是调动人力资源、资本的能力，还是调动物质资源的能力。它们需要的是"触发器"，来自其他国家尤其是更发达的国家的，能够使该国更充分地利用现有资源并产生"乘数效应"的"触发器"。

日本和加拿大在过去 100 年的发展中所取得的成功，清楚地表明了这一点。起初，日本几乎没有引进任何外国资本，除了用于早期基础设施投资（比如修建几英里的铁路）的小额资本。但日本很早便组织起能够最大化地集中和利用国内资本的体系，迄今为止这种体系可能仍然是最有效的。而且，它不设限制地引进了大量具有很高乘数效应的技术，这种做法一直延续到今天。

20 世纪 30 年代中期的加拿大，远不像今天的大多数拉丁美洲国家那样发达。20 世纪 30 年代，加拿大自由党政府决定建立一个有效的体系以将国内资本集中起来，并将其投入到具有很高乘数效应的基础设施建设中，比如建设公路、医疗保健机构、港口、教育机构以及有效的国家级和省级行政管理机构。外国资本被有意地引导进入制造业和采矿业。加拿大并不鼓励国内资本和企业家进入制造业和采矿业，但鼓励他们进入分销、银行、保险等所有第三产业以及制造业的本地供应和加工环节。因此，虽然加拿大的外国资本相对较少，仅占加拿大资本形成总量的5%~10%，却使得加拿大在不到20年的时间里实现了飞速发展。

其次，这种传统假设中存在一个谬误，即认为国家对货币特别是对国外货币的吸收能力是无限的。但在大多数发展中国家，实际上很少有大规模的投资机会。这些国家可能有巨大的水力发电潜力，但除非有很多购买力很强的客户或周边有大量的工业用电需求，否则发电厂就没有生存的经济基础。此外，没有什么钱是没有附加条件的，而要支付外国资本的利息，即使利率很低，也需要外汇。一般来讲，贷款或股权投资给发展中国家带来的负担比来自国外的赠款和其他政治补贴要小，而且有明确的界定，而后者不管是来自哪个国家，都会对发展中国家的外交政策和国内政策带来沉重的压力。

如果发展中国家将资本专门用在乘数效应最大的地方，那么它就能最大限度地利用国外可用的资源，尤其是资本。此外，它应该引导资本流向每一美元外国资本将最大限度带动国内投资的地方，包括带动原始投资和影响力投资（如建加油站、汽车旅馆，或随着汽车工厂的出现而出现的汽车修理商店），以及原始投资创造的就业机会能够再直接或间接地创造最多的就业机会的行业（汽车行业就是一个很好的例子）。最重要的是，应该把投资用于创造最多的岗位以吸纳本地的管理人员和企业家，并且在管理和商业上形成最大的竞争优势。要想使资源得到最充分有效的利用，就需要拥有足够的管理能力和企业资源。

从各种数据来看，政府资金的乘数效应要比私人资本低得多。其他公共资金（如世界银行的资金）也是如此，无论是从受援国内部还是从受援国外部来看，这些资金几乎没有带动其他投资。像钢铁厂这样的投资项目，无论是在就业上还是在管理上，其乘数效应都相对较低，而百货商店则会催生大量的本地小型制造商和供应商，并围绕它形成一个大型的管理和企业集群。

对于在发展中国家从事制造、分销或金融业务的跨国公司来说，东道国经济的快速发展为其增长和盈利提供了最好的机会，跨国公司因而在其投资、产品和技术的乘数效应上有着明显的自利性。跨国公司最好将自己提供的资本视为"用来启动水泵的水"，而不是"燃料"。对跨国公司而言，每一美元投资产生的本地资本（美元、比索或克鲁赛罗）越多，其投资对发展的影响就越大，成功的可能性也就越高。对发展中国家来说也是如此，它们最大的需求便是最大限度地发挥每一美元外国资本的价值。

加拿大的战略执行得有些太久了。到20世纪50年代初，加拿大已经实现了全面发展，当时它就应该转变政策，引导国内资本进行"超级结构"投资。加拿大的战略肯定不适用于今天的许多发展中国家，而且就像其他任何战略一样，在成功后就会时过境迁，不再完全适用。不过它非常成功，成本也很低，在推动经济快速增长的同时，确保了高水平的社会发展和社会正义。

每一个发展中国家所需要的都是一种战略，能够把可用的外国资源特别是资本当作"触发器"，最大限度地配置本国资源，并产生最大的乘数效应。在这种战略中，引入跨国公司应被视为激发国内潜力的手段，尤其是帮助本国形成管理和商业方面的竞争优势的手段，而不是作为替代国内的资源、劳动力甚至资本的手段。因此，要使跨国公司能够有效地促进发展中国家的发展，首先需要制定一项鼓励国内的私营部门、企业家和管理人员的政策。如果没有这样的政策，从国外引进的资源将不可避免地被浪费掉。

单凭跨国公司本身无法推动发展，它们只能"让汽车启动"，而无法"推动汽车前进"。利用外国资本来"吓唬"本地商界是徒劳和自欺欺人的，正如早期进步联盟的那些"聪明"的年轻人一心想动员当地商界人士反对"邪恶的帝国主义跨国公司"一样，会适得其反。

IV

人们认为跨国公司倾向于根据全球经济的需要来安排生产。这样做是完全正确的，尽管到目前为止很少有公司制定了真正的全球战略。不过这非但不会对发展中国家构成威胁，反而可能成为发展中国家在世界经济领域的一张王牌。跨国公司的全球战略不仅不会剥夺发展中国家政府的决策权，反而可能是使这些国家的政府得到有效控制权和谈判筹码的唯一途径。

发展中国家，特别是其中占多数的小国，在没有来自外国的武力攻击的情况下，其经济主权面临的最严重的威胁是缺乏外汇。这一点大大限制了这些国家的决策自由。由于认识到了这一点，许多发展中国家在深思熟虑后选择了"进口替代"政策，特别是在20世纪50年代和60年代早期。

到目前为止，我们已经明白，从短期或中长期来看，这种政策将造成同样严重甚至更严重的进口依赖和外汇问题。现在，进口替代政策的另一种形式变得流行起来，这是一种以满足本国需求为目标的政策，它要求外国公司逐渐把最终产品的生产越来越多地放在本国。可以预见的是，这最终也将产生与现在口碑不佳的进口替代政策相同的后果，即更加依赖国外的原材料、设备和供应链。除了已经拥有较大规模市场的发展中国家（比如巴西，也许只有巴西，但鉴于占巴西 2/3 面积的中部和南部地区的发展情况，巴西可能不会再被归入发展中国家之列了），在其他国家，这样的政策必然会导致那些成本长期居高不下的行业无法在市场上参与竞争和实现增长。可以肯定的是，这项政策在短期内创造了就业机会，但这样做的代价是牺牲了贫困人口的利益和国家未来创造就业及推动经济增长的潜力。

外汇收入和足以带来规模经济效应与大量就业机会的生产设施都是发展中国家所需要的。想要得到这些，发展中国家就必须能够将新兴的生产设施（无论是用于工业制成品还是用于水果和葡萄酒等农产品）与世界上最大、增长最快的经济体（即世界市场）结合起来。

但发展中国家在出口时需要具备和市场相关的知识、设备和资金，而且需要具备足够的政治力量来应对根深蒂固的保护主义势力，特别是发达国家的工会和农业集团。如果一个国家能确保占据一个垄断市场，那么它的出口将是最成功、最容易的，它的产品也是最便宜的，至少对于部分销往世界市场的产品来说是这样。这种做法尤其适用于大多数发展中国家，它们的国内市场太小。

跨国公司有能力根据世界市场的逻辑对生产进行跨国界的安排，因此它们应该是发展中国家的重要"盟友"。生产安排得越合理、越全球化，这些发展中国家获得的好处就越多。从理论上讲，跨国公司可以使各国的资本成本相当（至少在相当大的程度上是这样），跨国公司也可以在很大范围内平衡管理资源，也就是调动或培训管理人员等。但跨国公司唯一不能自由调动的资源便是劳动力资源，而劳动力资源正是发展中国家的优势所在。

这一优势可能还会持续扩大。除非出现全球范围的长期萧条，否则劳动力资源在发达国家将会变得越来越稀缺和昂贵。仅仅因为低出生率而导致的人口从工业水平落后的地区向发达地区大规模流动的现象（比如美国黑人向北方城市的大规模迁移或外来劳动力向西欧的大规模迁移），无论是从政治博弈的角度来看，还是从社会发展的角度来看，都不可能再发生。

不过，除非发展中国家利用跨国公司将该国的生产资源整合到世界经济体系的生产网络中，特别是整合到跨国公司的生产和销售系统中，否则发展中国家产品的主要出口市场不可能迅速兴起。

因此，对于发展中国家来说，最有利的战略应该是用一种能够利用跨国公司的整合能力来建设大型生产设施并进入发达国家市场的政策来取代满足内需的政策（或至少作为其补充）。一个好办法可能是鼓励那些有明确计划和承诺的跨国公司投资生产用于出口的产品，特别是在它们自己的跨国体系内。就像新加坡那样，在全球范围内成为某一型号的产品或某一零部件的生产效率最高的大型供应商，这可能比成为生产整套产品或需要建整条生产线的高成本小型制造商更有意义。这样做不但可以创造更多的就业机会并以更低的价格向本国消费者提供最终产品，而且会带来巨额外汇收入。

另外，我认为，发展中国家想要限制一家公司引进外国人的数量的要求，是可以理解的。其实，不管这些国家是否有此限制，跨国公司都会这样做，因为调动外籍员工需要付出很高的成本，而且会带来各种各样的问题和麻烦。除了这项要求，更重要的是，发展中国家应该要求跨国公司将其在该国雇用的管理人员和专业人员纳入跨国公司的全球管理发展计划，尤其是发展中国家应该要求跨国公司从该国的子公司中选拔足够数量的年轻能干的工作人员，将其分配到发达国家的子公司从事 3～5 年的管理和专业工作。据我所知，到目前为止，只有一些重要的美国银行、加拿大铝业公司和雀巢公司在系统地推进这方面的工作。事实上，能够推动公司发展的是人才和他们所拥有的能力，而他们需要掌握的最重要的能力并不是专业技术能力（这些从一些课程中也能学到），而是人力资源、市场营销和财务方面的管理能力，而且他们也需要掌握与发达国家相关的一手知识。

总之，站在发展中国家的角度来讲，跨国公司所具备的能够最大化地利用全球资源的能力，很可能是目前促进发展中国家融入世界经济体系的最积极的因素。即使是当今最富裕的国家，采取自给自足的政策也不太现实。即使是最小的发展，也不可能建立在那些经济效益不高、成本长期居高不下的小型设施的基础上，无论是在制造业还是在农业中。在国际收支危机的持续制约下，这种情况不可能发生，更不用说迅速发生了。将自身的生产能力和优势融入世界经济体系是发展中国家唯一的出路，而跨国公司跨越国界的生产整合能力似乎是最有希望实现这一目标的工具。

V

尽管人们普遍认为，母公司拥有 100% 的所有权是跨国公司唯一的企业结构模式，但这种观点从来就不正确。在日本这样重要的国家中，这种情况非常少见，多数非日本企业都是通过合资的方式来经营的。美国西尔斯公司在加拿大与当地最大的零售连锁店辛普森通过设立合伙企业进行合作。美国大通曼哈顿银行在许多国家开设的分支机构中都只是小股东，并与当地银行保持着合作关系。拉丁美洲的跨国风险投资公司阿德拉（Adela），多年来一直是世界上最成功的开发机构之一，但在每一个开发项目上从一开始就只占少量股份。这样的例子还有很多。

不过，从历史上看，100%的母公司所有权制的确被认为是最佳形式，其他任何形式都可能使公司在保持行动、愿景和战略的统一方面变得相当困难。事实上，在安第斯条约组织或墨西哥关于外国投资的立法中，要求外国投资者不得100%控股或只允许外国投资者持少量股份，这显然是对外国资本的限制，如果不是作为惩罚性行动的话。

但钟摆可能会越来越多地向另一个方向摆动。（实际上，在几年后，发展中国家的排外情绪可能会表现为要求外国投资者只能对这些国家的国有企业进行投资，并且发展中国家会逐步朝着取缔外国投资者与当地资本采用合伙或合资企业的方式合作，因为这些企业会消耗发展中国家原本就很少的资本。这样的情况极有可能发生。）跨国公司会逐渐发现，以多种方式尤其是以能够在当地同时获得资本和人才的方式来安排所有权，对其在发展中国家的经营更为有利。

资本市场正在迅速变得"多中心化"。跨国公司必须学会如何构建自己的业务，以便能够利用任何一个可以利用的资本市场，无论它是在美国、西欧、日本、巴西、黎巴嫩的贝鲁特，还是在其他地方。对于拥有全资子公司的庞大而僵化的母公司来说，要做到这一点并不容易。当跨国公司在国外融资时，它们通常更喜欢可转换债券之类的金融工具，而这类工具并不太受它们本国或美国资本市场的欢迎，也不易操作。有越来越多的证据表明，大型跨国公司的融资能力，尤其是对中期流动资金的融资能力，可以通过跨国公司的主体在它们本国的资本市场上或从它们自己投资的公共机构和金融机构进行融资而得到大幅提升。

不过，即便没有全球大萧条，未来数年内的资本供应也可能出现短缺。这很可能意味着跨国公司只会有意愿并且有能力去投资规模较小的、利润较低的、增长更为缓慢的发展中国家的市场，如果这些国家能够提供所需的大部分资本，而不是全部由外国投资者提供。

日本的例子表明，这种情况已经发生了。原本预计取消对外国投资的限制会吸引外国投资者进行大规模的收购，并成立很多由其100%控股的外资企业，然而，现在越来越多的西方投资者（即美国和欧洲的投资者）力促在日本建立合资企业，并希望日本的合作伙伴提供资金，而自己只提供技术和生产知识。

也许更重要的是，除了拥有100%的所有权之外，为了在发展中国家获得所需要的管理人才，跨国公司还需要进行管理结构的调整。如果在发展中国家的子公司不再仅仅是跨国公司的分支机构，而是一个独立的公司，并拥有大量的外部资本投资，其主管人员的角色和地位就变得易于管理了。他们会成为真正的高层管理者，尽管在提供就业和销售方面他们的公司在跨国大公司的整个体系中仍然无足轻重。

如果跨国公司真的试图跨越国界来整合生产，一个有相当地位的高层管理者就变得更加必要。因为发展中国家子公司的管理者们必须在国内业务和全球战略之间取得平衡，他们在自己的国家必须作为公司的最高管理层，来处理当地高度复杂的经济、金融、政治和劳工关系。同时，他们也是跨国公司全球管理团队的正式成员。而让一个级别不够的"下级"来完成这些工作，几乎是不可能的。他们只有拥有了真正的自主权，才能获得平等的地位。

VI

在美国国内，我们很早就知道企业的经营权已经和所有权分离了。而且，事实上经营权正在更加迅速地独立于所有权之外。这种模式也会在国际社会逐步推行，原因有两个：一是所有权的拥有者没有足够的资本来支撑现代大型企业的规模；二是管理者（即经营权的拥有者）必须有自己的专业能力、权威和相应的地位。在美国国内，经营权与所有权的分离并没有破坏经营权，恰恰相反，这种做法使得经营管理更有控制力、目的性和凝聚力。

那种认为如果发展中国家不允许外国投资者100%控股，跨国公司便不可能维持凝聚力和控制力的想法，是没有道理的。恰恰相反，由于这种做法在全球资本短缺时期相当于扩大了跨国公司的资本金，并且使跨国公司与当地企业和政府机构建立了合作伙伴关系，经营管理与指导之间的分离可能反而会增强跨国公司的凝聚力，甚至有可能真正成为其实施全球战略的先决条件。

与此同时，通过动员国内资本进行生产性投资和加快当地企业家和管理者的发展，这种伙伴关系可以加强跨国投资对发展的影响。

不可否认的是，混合所有制存在严重的问题，但正如日本的合资企业所证明的那样，这些问题似乎并非无法解决。而且，混合所有制也有其优点，在全球资本短缺时期，跨国公司似乎成了其优点的主要受益者。事实上，人们完全可以认为，发展中国家如果要在资本短缺时期吸引外国投资，就必须提供配套资金，并且让本土投资者参股的有关规定应该看起来有利于外国投资者，而不是限制外国投资者，虽然这些规定可能会遭到批评。

VII

跨国公司是二战后经济领域最重要、最明显的创新，它也是一种更大变化的主要征兆，即对二战后兴起的真正的"世界经济"的回应。世界经济不像19世纪国际贸易理论中的"国际经济"那样只是各国经济的总和，它从根本上是自治的，有自己的动力和需求模式，也有自己的机构，在特别提款权（SDR）中甚至有自己的货币和信贷体系的雏形。在16世纪末"主权"一词首次出现400年后，世界上以领土和疆域界定的政治单位和经济单位第一次不再完全一致。

这似乎是对国家政府的威胁，不过，这是可以理解的。而且到目前为止，还没有人针对世界经济提出可行的理论，这一事实更使人们将其视为一种威胁。结果是，目前各国政府还没有制定出经过验证的、有效的、可预测的经济政策，看看它们在面对全球通胀时的无能为力吧。

跨国公司的出现只是世界经济兴起的征兆，可以预见的是，限制它们只会使现状恶化。但是，限制跨国公司而不是改善现状，一直以来都是很有诱惑力的一种做法。因此，在未来几十年里，跨国公司完全有可能受到重创，甚至被摧毁。若果真如此，这将由跨国公司的母国美国、英国、德国、法国、日本、瑞典、荷兰和瑞士的政府来完成，全球95%的跨国公司在这些国家注册，跨国公司在这些国家的业务和利润至少占其全部业务和利润的3/4。虽然发展中国家可以在跨国公司进行决策时表达自己的诉求，但影响力有限，它们对跨国公司或世界经济的重要性没有大到足以产生重大影响的程度。

与此同时，真正的世界经济的兴起是大多数发展中国家的希望所在。

特别是对绝大多数发展中国家而言，它们自身的体量太小，受制于其现有的技术、研究需求、资金需求以及交通和通信设施，它们目前还算不上"国家经济体"。在接下来的20年里，它们将最需要跨国公司，同时也将有最大的机会从跨国公司的投资中获益。在接下来的20年里，发展中国家将必须为其历史上人数最多的新劳动力带来工作和收入。同时，发达国家的新劳动力的人数将急剧减少。目前，这种情况在日本和部分西欧国家已经相当严重，并将在20世纪70年代末波及美国。由于发展中国家在未来10年里亟须更多的就业机会，这在很大程度上导致它们需要跨国公司，需要跨国公司的投资、技术和管理能力（尤其是销售和出口能力）。

发展中国家要想巩固和提高其在世界上的政治和文化地位，并得到它们所需要的就业机会和出口收入，那么借助世界经济一体化的力量是它们最大的希望。如果它们愿意的话，首先能够借助的便是跨国公司的力量，因为跨国公司是新兴的跨越国界的世界经济的代表。

如果跨国公司能够生存下来，那么它们的未来肯定会有所不同，到那时，它们将拥有与现在完全不同的架构，将是真正的跨国公司。不过即便是目前阶段的跨国公司，至少也是发展中国家所能寻求到的最有效率的合作方。

CHAPTER 5 | 第 5 章

你期望得到什么结果：目标管理使用指南[一]

目标管理（MBO）在政府机构中的应用时间比现在的大多数实践者所意识到的都要长。与目标管理有关的基本概念，是卢瑟·古利克（Luther Gulick）和他的同事在20世纪30年代中后期研究联邦政府的组织和管理时所极力倡导的。然而，目标管理和自我控制的概念实则起源于私营企业。一战后，杜邦公司率先实行了这一制度。到了20世纪20年代中期，通用汽车公司的小阿尔弗雷德·斯隆系统地运用了目标管理和自我控制，他的概念非常清晰，尽管他没有用一个专门的术语来描述自己制定的政策。

[一] 本文首次发表在《公共行政评论》(Public Administration Review)，1976年1～2月刊。

如今"目标管理"似乎在公共服务机构比在私营部门更受欢迎，作为公共管理工具，尤其是政府的管理工具，它得到了更多的讨论。

目标管理在公共部门的流行是有充分理由的。公共服务机构比任何企业都更需要它，当然，那些规模最庞大、结构最复杂的企业除外。公共服务机构常常会设立多个目标，这些目标即便不是完全不兼容的，也常常是相互冲突的。虽然包括企业在内的任何机构都没有真正令人满意的衡量标准，但政府机构和其他公共服务机构普遍可用的衡量标准往往与达成业绩目标没有任何关系，特别是在预算方面。即使是一个相当小的政府机构，例如美国的一个人口较少、面积较小的州或一个中等规模城市的政府机构，也要比最多样化的企业集团更具多样性和复杂性。

公共服务机构的资源是"人"，而且其产出很少是"物"。在工作过程中，公共服务机构并不一定能够让事情朝着有意义的结果前进，很容易出现方向性偏差。无论这种偏差是由员工导致的还是由管理人员导致的，都难以被察觉。公共服务机构很容易染上致命的"官僚主义"，错误地认为出台相关的规则、制度和保障机构的顺利运转仅仅是为了完成工作，是为了维护公共服务机构自身的利益。

换句话说，公共服务机构特别需要制定目标，并将努力集中在达成目标和结果上，以履行其管理职责。当然，这些正是目标管理和自我控制可以满足的需求，这也使得目标管理对于公共服务机构具有巨大的潜在益处。不过正因如此，公共服务机构很容易将目标管理的程序、管理与目标的本质相混淆。事实上，它们可能会犯一个致命的错误，即误用目标管理来代替思考和决策。

因此，公共服务机构的管理者需要一份"使用指南"，他需要知道自己使用目标管理的方法是正确的还是错误的。最重要的是，他首先需要知道，如果使用得当，目标管理会带来什么样的结果。目前恐怕几乎没有文字和手册能够清楚地说明这些，而只有当这些结果被实现时，目标管理才算得上真正物尽其用。

目标管理既关乎"目标"，又涉及"管理"。因此，我们需要两套规范，一套从目标的角度来说明结果，另一套从管理的角度来说明结果。

什么是正确的"目标"

第一个结果，也是管理人员在应用目标管理时应该出现的最重要的结果，就是清楚地认识到他所在的机构实际上没有目标。通常，"目标"被错误地认为就是"好的结果"。

制定目标的目的是使为实现目标而做的工作安排可以落地。这意味着目标必须是可落地的，能够转化为具体的业绩要求、工作内容和职责分工。然而，几乎没有哪个公共服务机构制定过可落地的目标。把目标描述为"维护法律和秩序"或"医疗保健"，简直毫无意义。我们从这些关于目标和相关工作的描述中无法推断出任何东西。然而，与公共服务机构对目标的描述相比，这些描述已经更加可落地，更接近真实的目标了。

目标管理的第一个预期结果是认识到传统的目标描述是不充分的，而且实际上在大多数情况下是非常不恰当的。实行目标管理，首先要做的便是确定目标可能是什么或者应该是什么。

然而，一旦提出这个问题，我们就会认识到公共服务机构的目标是模糊不清的、相互矛盾的和多重的。顺便说一句，在私营企业中也是如此。

认识到这一点，也是管理人员在应用目标管理时会出现的第二个结果。

医院虽然复杂，但与大多数政府机构相比仍然是一个很小的机构。然而，医院的目标却一点也不明确。"医疗保健"听起来似是而非，而且多数医院与医疗保健并无关系。它们关心的是病人的治疗和护理。显然，医疗保健最明智和最有效的方法是预防疾病，而不是治疗和治愈疾病。我们多少知道如何提供保健，但坦率地说，这根本就不是医院的任务。这是通过诸如接种疫苗、提供纯净的饮用水和适当处理污水等公共卫生措施来实现的。实际上，医院是医疗保健失败的结果，而不是提供医疗保健服务的机构。

然而，即使医院把目标定义在一个非常小的范围内，就像英国国家医疗服务体系的医院把目标定义为"治疗病人"（也就是治疗已经造成的伤害）一样，医院的目标仍然含混不清。医院是否像传统的美国社区医疗机构一样，是私人医生的诊室设施和办公室的延伸？换句话说，它是医生照顾那些他在自己的办公室或私人诊所里无法照顾的病人的地方吗？还是应该像许多美国医院所尝试的那样，通过健康婴儿诊所、心理障碍患者咨询服务等活动成为社区的"保健中心"？医院是否也应该取代私人医生并为穷人提供同样的服务（这是当今美国大城市的医院门诊部的目标）？如果医院将其职能定义为照顾病人，那么妇产科的角色和功能是什么？毕竟生孩子并不是一种疾病，而是一种完全正常和完全健康的现象。

同样地，当警察局试图将"维护法律和秩序"这个模糊的术语作为其目标时，它们会立刻发现这个术语指代了多个目标，而且每个目标都是含糊不清的。"预防犯罪"听起来很具体，但即便有人知道怎么做，这个词又到底意味着什么呢？它是否像许多警察局经常标榜的那样，指的是执行法规汇编中的所有法律？还是指保护无辜的守法公民，尊重他们个人和他们的财产？它关注的是在街上的安全状况还是在家里的安全状况，或者两者兼而有之？它的首要任务是消除和防止警察队伍内部的贪污吗？这听起来可能并不重要，即便不完全是微不足道的。然而，在最近由联邦政府的某个机构赞助的一项关于警察局长工作的重大研究中，指导这项研究的经验丰富的警察局长坚持认为，清除警察队伍中的腐败现象是维护法律和秩序的首要目标，也是最重要的目标。

在试图将虔诚的意图落实为真正的目标时，管理者们总会发现有很多目标虽然同样必要但互不相容，或至少是完全不一致的。

美国过去40年的农业政策是一个典型的例子。在实行罗斯福新政之前，增强美国农民的力量是政府从一开始就明确的目标。这意味着要保护农户吗？还是意味着要让美国农民高效、多产，有能力参与世界市场竞争？国会在起草农业法案时，总是把话说得很大，表示农业政策的目的是保护小农户。然而，当时为达到这一目的而采取的实际措施主要是为了使农业成为一个更有效率、更有生产力和更有竞争力的行业，而在这个行业中，小农户实际上并没有立足之地，而且有可能成为实现这一目的的障碍。

因此，上述目标导致的最重要的结果是迫使管理者们认识到，单一的目标是不存在的，尽管这些目标以国会法令或行政声明等形式被明确下来。把认识到这个基本问题称为目标管理结果的实现，似乎是自相矛盾的，然而，它可能是最重要的结果，因为它迫使管理者和他的机构认识到在决策时必须慎重考虑和权衡，即使这些决策的风险很高。如果目标管理是提升机构绩效的有效工具，就必须实现这一点。

目标管理必须达成的另一个结果是，确定哪些事情需要优先处理，哪些事情需要置后处理。

公共服务机构都想要努力实现多个目标，几乎无一例外。与此同时，每个大目标又会被分解成多个具体的小目标。然而，没有任何一个机构（尤其是大型机构）能够同时做很多事情而且都能做好，它必须聚焦，确定需要优先处理的事项和需要置后处理的事项，并且对哪些事情该推迟及哪些事情该放弃做出一些需要冒险的决定。

需要聚焦的一个基本原因是便于在组织内部进行沟通，以及与组织外部的公众进行沟通。如果一个组织试图同时达到多个目标，就会使自己的成员感到困惑，而且也会使支持它的公众感到混乱。

目标聚焦的另一个有说服力的原因是，没有一家机构拥有的真正有效的资源是取之不尽的。我们都知道，单靠金钱无法产生成果，成果需要有奉献精神的人辛勤工作和持续努力才能实现，而这样的人总是供不应求。一个有能力的人如果把精力分散在多个目标上，而无法对主要任务全身心地投入，就会极大地降低工作效率，从而对他的工作造成破坏性的影响。如果想要在某个目标上取得成果，就需要至少有一名得力的男士或女士对相关问题进行彻底和持续的关注。

最后的或许也是最重要的事情是，即便是单一的或简单的目标，往往也需要在不同的且不能同时实施的战略之间做出选择，其中的某项战略必须被赋予最高的优先级，这意味着其他战略将处于次要地位，或者在某一段时间内被放弃。

这种困境的一个例子是发展中国家的教育政策，这是每一个有经验的行政人员都熟悉的。每个国家都希望拥有受过训练和受过教育的人口，而且这也确实是一个国家社会和经济发展的先决条件，发展中国家的每个学生都希望得到这样的机会。然而，这些国家应该把教育的重点放在那些为数不多但极有能力的精英身上吗？还是应该以"大众教育"为主？很少有国家能同时达成这两个目标，它们必须做出选择。如果选择前者，为了培养高技能人才，国家会付出巨大的代价，而且存在一定的风险，那就是这些国家的整个社会无法有效利用花钱买来的专业知识，也无法为高技能人才提供有意义的工作。其后果就是"人才流失"，这些贫穷国家中潜在的最有生产力、最昂贵的人力资源离开本国，去其他国家寻找能够充分应用其所学知识的机会。

而选择后者也存在风险，这些国家有可能培养出大批不再满足于传统工作和过往生存标准的人。这些人受过训练，却找不到适合他们的或者他们所期待的工作。原因很简单，能够雇用他们的机构没有出现，也没有能够与之相匹配的领导岗位。

设定优先级通常是相当简单的，或者至少在政治上看起来是相当简单的。真正困难而又绝对必要的，是决定哪些事项需要置后处理，这是相当冒险的而且在政治上也很危险的决定。每个有经验的管理者都知道，一件事情被推迟也就意味着被真正放弃了。事实上，明智的做法不是拖延，而是决定完全不做某件事。因为对战略而言，时机至关重要。10 年后再做一个 10 年前就已经很好的并且有价值的项目，是不会有成效的。

前总统约翰逊制订的许多计划的命运可以作为例证。这些计划之所以失败，不是因为它们是错误的，也不是因为它们没有得到足够的支持，而是因为在很大程度上这些计划晚了 5 年或 10 年。这些计划被推迟，到了实施它们的时候，也就是国会经过多年的抵制之后终于愿意考虑这些计划的时候，它们就已经不再是"正确的"计划了。

此外，公共服务机构发现自己要想"放弃昨天"比企业更难。企业当然也不愿意放弃那些不再能达到目的、不再能产生效益、不再能满足市场主流需求的产品或服务。这些产品和服务，通常也是现在处于管理层顶端的人们花费了他们工作生涯中最好的时光去创造并且曾经取得成功的东西。然而在企业中，市场终究会迫使管理层正视现实、放弃昨天。

福特尽可能长时间地生产埃德塞尔汽车，并且远远超过了当时的经济现状所允许的时间。然而早在福特管理层被迫放弃埃德塞尔汽车之前，美国公众就已经放弃它了。最终，即便是福特这样非常庞大、有实力甚至有些顽固的公司也不得不接受这一现实。

在公共服务机构中，通常不存在这种压力。事实上，如果我们在1850年或1900年左右有交通部的话，我们现在可能在每个国家都有重大的研究项目，投入数十亿美元，来重新训练马匹，以改善公共卫生条件。任何公共服务机构，无论是政府机构、医院还是学校，它们的任何活动和任何服务都有支持者，不管是立法机构、新闻界还是公众。然而没有什么事情比维持垂死的状态更困难了。与让更能响应社会需求、更有生产力的工作变得更高效相比，公共服务机构需要投入更多的精力、努力和能力才能维持那些已经不再符合社会需要的工作。

因此，公共服务机构总是面临着一种困境——将其最优秀的人才和大量资金浪费在不能再创造价值、不能再为社会做出贡献、难以继续开展的或不合时宜的工作上。

所以，公共服务机构进行目标管理的关键是确定需要优先处理的事项。这需要先确定公共服务机构应聚焦于哪个领域。

同样重要的，是系统地评价所有的服务和活动，以便找到可以放弃的对象。事实上，明智的做法是，公共服务机构应该每隔3年或4年就对其每项服务和活动继续存在的必要性进行一次审查，并扪心自问："如果我们在最初提供这项服务时就知道了我们现在知道的事情，我们还会这样做吗？"如果答案是否定的，那么我们就不会说："我们必须做什么才能让它再次变得可行？"也不会说："我们应该考虑放弃它吗？"而是会说："我们最快需要多久才能放弃这项服务？"

选择放弃一些东西并为此制定一个时间表是目标管理的重要组成部分，无论它多么不受欢迎、不愉快或难以实现。在大型机构中，特别是在公共服务机构中，最大的危险是混淆脂肪和肌肉，混淆活动和表现。预防这种退行性疾病的唯一方法是系统性地放弃昨天，并为这种放弃设定明确而勇敢的目标。

在这方面，1974年出台的《预算改革法案》（Budget Reform Act），可能是立法机构近几十年来在公共行政方面向前迈出的最大一步。当然，该法案是否会产生预期中的结果仍有待观察。该法案明确审计总署（General Accounting Office）有权对联邦服务中现有程序和项目的适宜性、目标及合理性进行评估。

但是，起草该法案的国会愿意面对放弃一些项目所产生的影响吗？

接下来便是要制定具体的目标，包括其具体的子目标、时间表和战略。其中应该明确需要哪些资源，需要付出什么样的努力，最重要的是需要如何配置现有资源尤其是人力资源。除非有能力的、有执行力的人力资源已经配置妥当，否则计划便无法实施。在进行到这一步之前，计划只能被称为意向，甚至在实际操作中连意向都算不上。

最后，需要定义如何衡量绩效，或者至少能够对绩效有所评判。

人们普遍认为，公共服务机构的目标是难以衡量的无形成果。然而这只能表明公共服务机构没有达成预期结果。如果结果无法被客观评价，那么它压根儿就没有被达成。公共服务机构的活动产生的只有成本。如果想要取得成果，就有必要明确地知道什么结果是可取的，并确定预期结果是否在实际中达成了。

实际上，认为公共服务机构的活动无法衡量是不准确的。

无论是对企业还是社会服务机构来说，"使命"总是看不见摸不着的。西尔斯公司在20世纪20年代将其使命定义为"美国家庭的采购员"，这完全是无形的。但是西尔斯公司随后为完成这一任务而设定的目标是非常明确的经营目标，例如以最具经济效益的价格开发一系列最能够满足大多数家庭需求的电器。根据这个目标，可以推导出关于产品线、服务、品种、价格和市场渗透率的清晰的、可衡量的目标。这反过来又使配置人力资源和衡量业绩成为可能。

"拯救灵魂"作为教会的使命完全是无形的，至少簿记⊖并不属于这个使命所描述的工作内容。然而将教会中至少2/3的年轻人带入教堂参加活动的目标却是很容易衡量的。

同样，"医疗保健"也是无形的。但产科病房的目标是，在分娩过程中出现的"意外"的数量不能超过总分娩数量的2%到3%；产后感染的产妇人数不得超过产妇总人数的0.5%；在怀孕第七个月后出生的早产儿中，必须有80%能健康地存活下来。这些都是具体的目标，而且很容易被衡量。

⊖ 基督教在经济上的贡献之一就是复式簿记及会计。——译者注

选择恰当的衡量方法本身就是一项政策决策，因此它的风险很高。衡量标准或者至少是判断和评估的标准，定义了我们所说的绩效。它们在很大程度上决定了应该把努力用在哪里。它们决定了设定目标优先级的政策是严肃的，还是只是在行政管理上打马虎眼。为此，必须强调的是，衡量的对象必须是业绩而不是努力程度。如果将衡量的重点放在运作效率上，而不是该机构向外界（无论是另一家公共服务机构还是公众）提供的服务上，这是不够的，甚至会产生误导。衡量方法将对努力和愿景起到指导作用。不只是公共服务机构，实际上所有的机构都存在一个核心问题，那就是倾向于将机构的努力和愿景指向内部，也就是效率，而不是把目光聚焦在对外部提供了什么服务上，而这些服务才是每个公共服务机构存在的目的。

确定了衡量方法之后，接下来就应该有组织地搜集从结果到活动的各项反馈，知道在什么时间节点应该出现什么结果。实际上，衡量方法决定了哪些现象才是所期望的结果。确定适当的衡量方法可以使管理者从做"诊断"转变为做"预判"。他现在可以提前判断哪些事情可能发生，并采取适当的行动来看它是否真的发生了。

行动的实际结果是不可预测的。事实上，在通常情况下，对于行动（尤其是对于机构的行动）来说，预期的结果肯定无法完全实现，出乎意料的事几乎肯定会发生。但这些意料之外的结果就一定会造成损害吗？在实际的管理过程中，这些意料之外的结果会比预期和计划中的结果更令人满意吗？如果出现了偏差，那么是否需要改变策略或者改变目标和优先事项？还是说，它们展示出了最初没有看到的机会，表明需要继续加大努力并取得成功？上述这些都是公共服务机构的管理者很少问的问题。除非管理者把有组织地搜集到的反馈意见纳入该组织的目标和战略架构中，对这些问题进行充分考虑，否则管理者很可能会忽视意料之外的结果，在错误的行动轨道上走下去或者错过重大机会。

因此，必须将有组织地收集反馈意见纳入管理程序，以便系统地审查和不断调整目标、角色分配、优先事项和资源配置。促使管理者这样做是目标管理非常重要的结果，如果不能实现这个结果，则说明目标管理的方法没有得到恰当的应用。

什么是恰当的"管理"

同样，恰当地运用目标管理，必然会产生一系列的结果。

第一个结果是"理解"。目标管理通常被描述为一种获得一致意见的方法，但这是对它的粗略描述和过度简化。目标管理认同并关注的决策包括：对目标及其平衡的决策、关于子目标及其实现策略的决策、对优先事项和放弃事项的决策、对工作力度和资源配置的决策、对恰当的衡量方法的决策。上述这些决策过于复杂，有很高的风险和不确定性，不能轻率为之。要想做出明智的决策，需要集思广益。

因此，对目标进行恰当"管理"的第一个结果，便是理解做出这些决策的困难、复杂性和风险。它要求管理者清楚地知道，从事并熟悉同一项任务的员工会定义不同的目标和子目标，会看到不同的优先级，并倾向于采取不同的或不兼容的策略。只有这样，管理者才能做出有效的决策。

所要做出的决策如此复杂和重要，负责决策的管理者在不理解这些之前是不会轻易下结论的。只有在综合了有见识的人提出的各种意见的基础上，管理者才能全面地了解一个问题的复杂性。一般来说，"对抗式程序"并不是做决策的最佳方式。当有良好意愿和丰富知识的人发现他们对相同的问题、相同的愿景、相同的任务和相同的现实有诸多不同的见解时，持不同见解的人相互之间的讨论必不可少。否则，管理者所看到的将只是问题的表象而非实质，所追求的将是细枝末节的琐事而不是最终期待的结果。

近50年前，玛丽·帕克·福列特（Mary Parker Follett）运用感知心理学的早期见解指出，在一个组织中对答案持不同意见的人，通常对正确的问题是什么也会有不同的看法。公共服务机构的管理者需要处理的问题非常复杂，通常包括多个方面，任何人都只能看到某一个或某几个方面，而无法对问题进行全面考虑。

然而，管理者要想采取有效行动，必须对复杂性有所理解，必须具备全面看待问题的能力。否则，即便他付出了最大的努力，也不会得到预期的结果，反而会导致错误的或不想看到的结果。

目标管理是一种行政过程，而不是政治过程。这就使得将"理解"作为目标管理的首要结果变得更加重要。这里所说的"理解"是指提出基本的观点和不同意见，以及在组织内部针对同一任务和问题需要采取的不同方法。

在过去的20年里，联邦政府主要成立了以下部门：国防部、卫生教育和福利部、交通部、住房和城市发展部。这些部门经常遭到批评，人们认为它们不仅无效，而且使行政管理变得异常复杂。这些部门常常被拿来与内政部或农业部等成立时间较长的部门进行对比，据称后者的效率要高得多，这对这些新部门很不利。这些较新的部门缺乏效率的原因通常被归咎于"缺乏方向"或"内部分工不明"。然而，让那些成立时间较长的部门发挥作用的，是领导这些机构的人明智地利用了不同意见，尤其是在新政时期这些部门的效率达到了顶峰的时候。内政部的哈罗德·伊克斯（Harold Ickes）和农业部的亨利·华莱士（Henry Wallace）都非常注重部门内的不同意见，从而尽力使自己和同事能够被各方理解。因此，即便当关于目标和优先事项的决策是由最高管理者自己单方面做出而不是通过民主的方式做出的时候，整个部门也都能够理解这些决策。而且，最高管理者知道有哪些替代方案，以及他的下属在这些方案中将扮演什么样的角色。

最近，日本的"共识决策"制度经常被美国决策者提及。不过日本人不是通过协商一致做出决策，而是在协商一致后再进行深思熟虑。在日本的组织机构中，看似漫长的决策周期致力于在组织内部实现最大程度的理解，使那些将要参与后续行动的人能够表达他们对事情的看法和对问题的认知。因此，决策者是先了解与其一起共事的人们的立场和感受，然后才做出决策的，以便可以在组织内部得到理解，即使很多人并不一定同意这些决策或希望做出不同的决策。或许日本人的"共识决策"制度的最大优势在于，优先事项在实际工作中是可以确定的，而且是有效的。

目标管理中"管理"工作的第二个结果是在组织内部明确责任并（由相关人员）做出承诺，使管理者和专业人员的自我约束成为可能。

目标管理的拥护者喜欢谈论"参与"。这是一个误导人的或者至少是不能充分表达其含义的词。预期结果是组织内部的个人愿意集中他的意愿和努力来实现组织的目标。这是一种自我控制的能力，它能够让每个人知道自己做出了正确的贡献，能够让每个人进行自我评价，而不是被外界评价和控制。预期结果应该是每个人能够做出相应的承诺，而不仅仅是参与。

因此，常见的为个人或管理部门设定目标的目标管理方式是不可取的，甚至可能会带来损害。通常，目标管理者会对部门经理说："这就是我们的目标，你有什么办法来实现更高的目标吗？"然而正确的问题应该是："考虑到我们的使命，你认为我们的目标应该是什么？优先事项应该是什么？战略规划应该是什么？为了完成这些目标、优先事项并实现战略规划，你和你的部门在未来一两年内会做出哪些努力？你和你的部门的目标、优先事项和战略规划又是什么？它们与整个组织的目标、优先事项和战略规划是否有冲突？为了实现这些部门级的目标，你必须做出什么贡献，期待什么样的结果？你认为整个组织和你所在部门的主要机会在哪里，主要问题是什么？"

毋庸置疑，接下来就是由管理者来决策。许多不切实际的管理者认为，下属总是知道得更多，但事实并非如此。然而，上司也不一定就比下属知道得更多。只有当下属和上司都意识到实际上他们对要做什么和该做什么持有不同看法时，他们才能真正地沟通。而且，除非下属能够对其表现和结果负责，并最终对其所在的组织负责，否则目标管理只是空谈。

目标管理中"管理"工作的下一个结果是人事安排。如前所述，目标管理需要确定如何配置资源以及朝何处集中发力。目标管理应该能够带来工作安排、人员分配和职责安排方面的改变。目标管理应该通过推动人力资源重组来实现目标。一般的管理者会下意识地认为每个人现在所做的工作都是正确的，并且都为组织做出了相应的贡献。但是，这并不是真的。正相反，管理者的基本假设应该是：现在每个人所做的工作都可能是错误的，都需要进行重组或者至少要重新定位。实际上，工作内容需要随着组织的需要不断变化，且为了实现预期结果，会更加频繁地改变工作安排。

对于一项工作的描述，可能在相对较长的时间内不会发生变化，然而对于工作的安排却应该是不断变化的。组织明确管理目标的基本目的之一，就是要提出这样一个问题：对于实现当前的目标、优先事项和战略而言，哪些任务的贡献最大？

除非提出这个问题，否则目标管理就没有得到恰当的应用。目标管理必须确定恰当的集中精力的方向以及人力安排的优先次序，然后将这些考虑转化为实际的人事安排。除非做到这一点，否则在目标管理中就会出现有"目标"却无"管理"的现象。

同样重要并与人事安排密切相关的是组织结构。如果说过去40年组织内部的工作教会了我们什么的话，那就是结构服从战略。可供管理者使用的只有极少的组织设计模式。如何将数量有限的组织设计模式组合在一起，在很大程度上取决于组织所采取的战略，而战略又取决于组织的目标。目标管理应该使管理者能够对组织结构进行深入思考。组织结构本身不是政策，它是落实政策的工具。任何关于政策的决策，也就是任何关于目标及其优先级和战略的决策，都会对组织结构产生影响。

目标管理中"管理"工作的最终结果是做出决策，这既涉及组织的目标和绩效标准，也涉及组织的结构和行为。除非能够应用目标管理做出决策，否则完全是在浪费时间和精力。检验目标管理是否有效，不是看掌握多少这方面的知识，而是看是否能够产生有效的行动，这首先意味着要做出冒险的决策。

学术文献通常将目标管理作为"解决问题的工具"来讨论。然而，应用它是为了能够定义和识别存在的问题，更重要的是能够预防问题的发生。

因此，目标管理不是一种用来执行决策的程序，也不是定义和思考问题并做出决策的系统性尝试。无论形式设计得多么好，都不是目标管理和自我控制，结果才是。

目标管理通常被称为制订计划的工具。实际上，它和制订计划不是一回事，但它是制订计划的核心。目标管理也通常被称为管理工具，同样地，它不是管理的全部，但它是管理的核心。它不是执行关于政策、目标、战略、组织结构或人员配置等方面决策的方式。它是一个过程，在这个过程中，决策被制定，目标被确定，优先次序被确定，组织结构根据组织的特定目标而被设定。

目标管理也是人们融入自己所在的组织并朝着组织的目标前进的过程。在公共服务机构中引入目标管理，特别是在过去几年将其引入政府机构中，可能是提高公共服务机构效率的第一步。然而到目前为止，也只是迈出了第一步而已。目前引入的只是程序，而且如果对程序理解有误则会在实际执行过程中带来损害。公共服务机构最需要的其实不是程序。它们中的大多数都有自己所需要的所有程序，它们的最大需求是具有实际效用的东西。事实上，提升公共服务机构的效率可能是现代社会最基本和最核心的需求。目标管理和自我控制的实施应该有助于满足这一需求。无论如何，能否实现这一结果，取决于管理者，取决于他们在应用目标管理时能否在"目标"和"管理"两个方面都取得正确的结果。

第6章 | CHAPTER 6

重新认识科学管理[⊖]

每个人都"了解"以下关于弗雷德里克·温斯洛·泰勒的"事实":泰勒的目标是"效率",这意味着降低成本和增加利润;泰勒认为工人工作主要是为了获得经济激励,他发明了"加速工作"和生产线;他看到的只是工人个体,而不是工作团队;他把工人当作"机器",认为工人应该被当作机器来使用;他想把所有的指挥和控制的权力都交到管理人员手中,而对工人则深恶痛绝;他是"古典组织理论"之父,提出了该理论的金字塔式层级结构、控制范围的概念及其功能等。

然而,即使只是对泰勒做最粗略的解读,也能够立即明白上述这些

⊖ 本文首次发表于1976年6月的《世界大型企业研究会记录》(*The Conference Board Record*)。

"众所周知的事实"都纯属虚构。○

泰勒反复强调的中心思想是：需要用和谐来代替冲突，需要用相互信任来代替工厂中存在的恐惧心理。他认为，为了实现这一目标，需要进行以下四项重要变革。

第一，要提高工资。事实上，泰勒要求每一个开始引入"科学管理"的组织在对工作和任务的系统性进行研究之前，就承诺将工资增加30%～100%。在他第一次描述他当时所称的车间管理的"任务系统"时就说："这本书主要是为了倡导高工资这一最佳管理基础而写的。"

泰勒相信，正确地工作所带来的生产力提高将使高工资成为可能，实际上，还能带来我们今天所说的"富裕"。他坚信，工人应该得到通过科学管理而实现的更高生产率的全部好处，无论是更高的工资还是更短的工作时间。

然而，泰勒不相信经济激励本身能够起到激励作用。他预见到了后来的人际关系学派或弗雷德里克·赫茨伯格（Frederick Herzberg）的研究结论，即更高的工资本身并不能提供工作动力，但对工资收入的不满却对工作动力起到了主要的遏制和破坏作用。当然，泰勒没有使用"动机"一词，

○ 泰勒撰写的关于"科学管理"的三部作品分别是：第一部《车间管理》（*Shop Management*），这本书于1903年在美国机械工程师协会的赞助下出版，并于1903年6月在纽约萨拉托加协会的一次会议上进行宣读；第二部《科学管理原理》（*Principles of Scientific Management*）本计划于1909年由美国机械工程师学会出版，但该学会认为它不够"科学"而拒绝，因此泰勒在1911年将这本书进行私下传播，然后授权当时的哈珀兄弟出版社（Harper & Brothers）出版；第三部作品对"科学管理"做出了最全面的论述，这是泰勒在1912年1月25日至1月30日对众议院特别委员会所做的证词。上述这三部作品都收录在《科学管理》（*Scientific Management*）一书中，该书由哈珀与罗出版公司于1947年首次出版，此后多次重印。本章中所有的引语都是从这本书中摘录的。

这个词直到20世纪20年代才被广泛使用，泰勒谈的是"主动性"。

第二，应当消除因错误的工作方式而造成的身体压力和身体伤害。他一次又一次地指出，"科学管理"可以减轻繁重的体力劳动并保存体力。他一次又一次地指出，传统的工作方式是如何造成伤害、疲劳、紧张、官能迟钝和身体疲劳的。在《科学管理原理》导论部分的一段文字中，泰勒将当时流行的对森林、煤炭或石油等物质资源的肆意破坏的担忧与对人力资源浪费和破坏的漠视进行了对比。

第三，推行"科学管理"，通过促进人的个性的充分发展，为工业带来和谐。他在自己的证词中说道：

> 管理者有责任去认真研究每个工人的性格、天性和工作表现，一方面要通过这种方式找出他们的局限性，另一方面要找出他们发展的可能性（这一点更重要）。然后，要特意地并尽可能系统地培训、帮助和教导工人，只要有可能，就应给予他们晋升的机会，使他们最终能够从事在聘用他们的公司里所能够从事的技能要求最高的、最有趣的和最有利可图的工作，而且这样的工作十分适合他们的天性。这种对于工人及其发展的科学选择不是一次性的行为，它需要年复一年地进行，并且是管理层应当不断研究的课题。

泰勒不仅宣扬而且亲自实践了这一点。他有一个最有趣的创新，他主张在每一个引入"科学管理"的工厂中任命一些人员，让这些人员主要负责识别工作小组成员的能力，帮助他们获得培训机会和提升技能，以便使他们取得进步，并且获得更好的、需要更高技能的、承担更多责任的、更重要的工作，而最后一项（更重要的工作）最为重要。他坚持认为，没有人会因为工厂引入"科学管理"而被解雇，除了人员的自然流失和不同岗位间正常的人员流动（他在伯利恒钢铁公司的工作在这方面最为成功）。他一次又一次地强调，需要让各岗位的工作内容更加丰富，让它们的职责范围变得更大，而不是把工人限制在一次次重复的操作中。他还强调了管理者的责任——明确一个人适合做什么工作，然后确保他能够从事这类工作。泰勒坚持认为，除少数有能力但不愿意工作的人外，剩下的都应被视为"头等工人"，确保他们有机会脱颖而出是管理者的职责。

第四，取消"上司"。

> 如果说科学管理有什么特点的话，那就是在旧的管理方式下被称为"上司"的人，在科学管理方式下变成了工人的服务者。他们的职责是为工人服务，用各种方法去帮助他们。

此外，泰勒所说的"职能式管理"就是我们现在所说的"矩阵式组织"，他的理论与"古典组织理论"及其"等级制度"毫无关系，古典组织理论显然违背了泰勒所认同的基本原则。

真实的泰勒

与人们所读到的有关泰勒的一切相反，他既不关心利润，也不关心成本。他关心的是我们今天所说的"生产率"（在 70 年前这还是一个不为人知的词）。泰勒根本就不是管理的崇拜者，相反，他对管理相当不满："我们 9/10 的麻烦是想法让管理人员去做他们应该做的工作，而只有 1/10 的麻烦来自工人。"

他在出席美国国会听证会时所做的证词中，毫不犹豫地称美国钢铁公司的管理层"糟糕透顶"而且实际上是"可耻的"。泰勒带着极大的愤恨，反复地攻击那些拒绝付给工人高于"现行工资"水平的工资并且反对"科学管理"的高层管理人员。因为在企业引入"科学管理"后，工人将立即获得每天 6.5 美元的工资，而当时的现行工资则是每天 5 美元。泰勒从 18 岁起在米德维尔钢铁公司做学徒，他在那里的研究为他日后创建科学管理体系奠定了基础，但他被迫离开了这家公司的主管岗位，因为他坚持要让工人们享受到提高生产率所带来的全部好处，而不是保持低工资以提高公司的利润。当时的大多数企业的管理层基本上都把他视为一个"危险的激进分子"和"制造麻烦的人"而拒之门外。

泰勒坚信团队合作的力量。他在证词中不遗余力地指出，梅奥诊所是"科学管理"在实践中最好的例子，因为它成功地使 10 名内科医生和外科医生组成一个团队一起工作。

泰勒也不像每个人似乎都相信的那样想要把控制权交给管理人员，让员工与管理人员完全分开。相反，他是这样说的（也是这样做的）：

> ……在这种新型管理方式下，车间里任何人的任何一项工作或行为，都少不了管理人员的某种行动。……先是工人做了一些事情，然后是管理人员做了一些事情，接下来工人又做了一些事情。在双方这种密切的个人合作下，几乎不可能出现严重的问题。

事实上，泰勒认为"科学管理"是管理人员和工人的共同任务。

最后，泰勒和生产线的产生完全没有任何关系。没有丝毫证据表明，西尔斯公司的奥托·道林和福特汽车公司的亨利·福特，于1903年至1910年间分别在邮购厂和汽车厂开发第一条生产线时，听说过泰勒或科学管理。泰勒也肯定从未听说过生产线。泰勒最后一次写作是在1911~1912年，那时他虽然只有56岁，但已经老了，当时生产线还未进入人们的视野。直到一战结束，泰勒去世后，生产线才出现。我们有充分的理由相信，泰勒会对生产线提出严厉的批评，他会认为这是非常糟糕的工程，因为生产线违背了泰勒所认同的基本原则——发挥工人的积极性，加强工作团队的协作，以及最重要的发现、训练和发展个人能力，以使其能胜任最适合自己的工作。

干掉无知

在思想史上，一个人实际上所说的和所做的与人们通常认为他所说的和所做的如此大相径庭的情况很少。因此，问题在于为什么泰勒被完全误解和歪曲了。

标准的解释是，泰勒是"19世纪心理学的俘虏"，但这纯属一派胡言。这个问题的真正原因在于，泰勒太过超前于他所处的时代，以至于没有人或者很少有人会关注他所说的和所做的，更不用说理解了。在很多方面，事实上是在大多数方面，泰勒都是Y理论⊖（Theory Y）的坚定信徒。他一再

⊖ Y理论与X理论相对。Y理论将人性假设为喜爱工作，要求工作，发自内心地愿意承担责任，热衷于发挥自己的才能和创造性。因此Y理论认为在管理中应当以"启发和诱导"来代替"命令和服从"，用信任代替控制和监督，重视员工的诉求和内在激励，并尽可能地在实现组织目标的过程中予以最大的满足。——译者注

强调,"利用人的恐惧进行管理"会适得其反。有时他听起来像麦格雷戈(McGregor),有时又像阿吉里斯(Argyris),例如他不断地批评一些组织拒绝把工人当作人来看。有时他听起来又很像弗雷德里克·赫茨伯格。用今天的术语来说,他关心"生活质量"。他在证词中说道:

> 科学管理不是一种产生效率的方法,也不是一种确保效率的方法。它更不是产生效率的方法的组合。它不是一种新的成本计算系统,不是一项新的雇用计划,不是一个计件工资制度,不是一个津贴制度,不是一个奖金制度,不是一个支付计划;它不是拿着秒表,记录一个人的运动情况;它不是时间研究,不是运动研究,也不是对人的运动进行的分析;它既不是"分离式管理",也不是"职能式管理";不是当谈到科学管理时,一般人所想到的任何一种方法。从本质上说,科学管理是一场彻底的思想革命,这场革命既涵盖了工人也涵盖了管理者(包括工头、主管、企业所有者和董事会),涉及他们在管理中对同事的责任、对工人的责任以及对所有问题的责任。(重点)

但在1910年,这些思想实在是太超前了,几乎没有人听泰勒所说的话。恰恰相反,人们听到的正是泰勒断言不能称之为科学管理的内容。时至今日,这些内容在大多数工程学院被当作"科学管理"和工业工程在教授,并且在大多数书中被描述为以泰勒为代表人物的学说。

泰勒证明了"主义"是无关紧要的,因此无论是右翼还是左翼都永远不会原谅他的冒犯。泰勒认为制度并不重要,工作、任务、岗位也不重要。

他认为经济水平是由生产率决定的。泰勒谈到了企业所有者的义务，而从不提他们的权利；他谈到了工人的责任，而从未说过他们被"剥削"。换句话说，泰勒并不认为制度负有责任，也不期望任何来自"制度上的巨大变化"。泰勒所倡导的是一场"精神革命"而不是"社会革命"，这一点直接违背了 20 世纪 10 年代人们最珍视的信念，并且仍然与今天盛行的信念相悖。

如果泰勒没有成功的话，这些就没有那么要紧。然而他的方法在哪里得到应用，哪里的生产率就提高了许多倍，工人的实际工资大幅上涨，工作时间减少，身体和精神压力也都减轻许多。与此同时，销售量和利润都上升了，而价格却下降了。泰勒越成功，盛行的意识形态对他的敌意就越大。

最后，还有一个可怕的事实，就是泰勒把自己的研究放在了"工作"上。泰勒是历史上第一个认真研究"工作"的人，这就是他在历史上的重要性的集中体现。当然，人们自古以来就在谈论工作，但从没有人认为"工作"值得认真研究。的确，"工作"显然没有得到受过教育的人的特别关注。

泰勒很清楚这一点："……这个国家的教授们……讨厌把'科学'这个词用在像生活中的日常事务一样微不足道的事情上。"然而不仅仅是"科学"这个词的使用，甚至泰勒对"科学"所作的定义，即"分类的或有组织的任何种类的知识"，都被这个国家的教授们（我们称之为"知识分子"）所憎恨和排斥。总的来说，"科学"相信诸如铲砂或运铁这样汗流浃背的肮脏并且累人的工作，也有着对智力的挑战，而且可能应该是愉快的、回报丰厚的，无论是在经济上还是在心理上。

教授们相信"创造力"，而泰勒却相信系统的、努力的、有原则的工作；教授们相信"精英"（无论他们如何鼓吹平等），然而，虽然泰勒不相信平等（因为他知道每个人的能力不同），但他认为每个人都是"头等工人"，都应当从事适合自己的工作和任务，并认为人们有权享有充分的机会和丰厚的收入。最重要的是，每个人都应该受到尊敬。泰勒认为，管理者有责任发现每个人最适合做什么并帮助他们达成目标，有责任通过安排任务让每个人尽其所长，有责任提供每个人所需的工具和信息，有责任给每个人提供充分的管理支持和持续培训，使其能够完成任务。但是这个世界上的"教授们"仍然倾向于相信工作是奴隶做的事情，或许他们并没有意识到这一点。

为世界所知

在"现代世界的缔造者"中，泰勒很少被提及。然而他的影响力与弗洛伊德不相上下。可以肯定的是，我们已经超越了泰勒，我们也需要超越他。不过，就因为泰勒相信依靠理性的力量能够说服和改变人们，我们这些生活在两次世界大战之后的人就去攻击他，这是愚蠢的。这就像因为牛顿没有发明非欧几里得几何、没有发现相对论就去攻击牛顿一样。

尽管有诋毁他的人，但泰勒还是成功了。泰勒在他主要关心的体力劳动领域取得了胜利。当他在证词中预言"100年后，就生活的必需品和大部分奢侈品而言，工人的生活将和现在上层社会的商人一样，或者几乎和现在上层社会的商人一样"时，人们笑了。然而，这正是在发达国家发生的事情，而且这主要是应用泰勒原理的结果。正如泰勒所预测的那样："在没有实质性增加努力的情况下，人类的产出得到了极大的提高。"这种情况的出现，是因为我们学会了研究任务、组织任务、计划任务，并提供正确的工具和正确的信息。虽然我们在这一点上还尚未臻于完美。

泰勒最大的影响可能更深远。首先，欠发达国家和发展中国家现在已经到了需要应用泰勒的科学管理的阶段。它们现在的主要目标是提高工资和降低劳动力成本（也就是提高劳动生产率）。正如泰勒在1900年对美国所说的那样，"生产不足"是导致"穷人赖以生存的东西不足"这一事实的主要原因。他们吃着糟糕的食物，支付高昂的租金，只能买到比他们应该拥有的更少的衣服。换句话说，在许多情况下，他们缺乏生活必需品，而在所有情况下，他们都缺乏生活中应该有的奢侈品。

但是，发达国家，也就是那些因为将泰勒的原理应用于体力劳动而发展起来的国家，最需要重新研究泰勒并将其理论应用于实践。这些国家必须将泰勒的理论应用于知识工作。

使脑力劳动更有效率

在泰勒的著作和证词中，他强调没有任何工厂和铁路全面应用过科学管理。泰勒所提到的应用科学管理的一个完美的例子就是梅奥诊所（泰勒并未对此邀功）。换句话说，泰勒本人充分意识到，科学管理不仅适用于体力工作，也适用于脑力工作。

要想让知识充分发挥作用，还需要将它应用到泰勒尚未考虑到的许多领域中。这些领域需要制定目标并且需要确定目标的优先次序和衡量标准；要系统地放弃不再提供产出的任务和不再被需要的服务；需要组织，需要泰勒在其"职能式管理"中所提出的"矩阵式组织"。

不过，要想使知识更具生产力，还需要"研究任务"和"管理任务"。这需要对工作本身进行分析，需要理解完成工作所需的步骤，确定每个步骤的顺序以及如何与有组织的过程实现整合，还需要系统地提供所需信息和所用工具。上述所有这些都属于科学管理的范畴。它们不是创造性的工作，而是需要艰苦付出的系统性的、分析性的、综合性的工作，泰勒曾把这些应用在铲砂、搬运生铁块、操作造纸机或铺砖等体力劳动中。

知识工作的工资已经比较高了，这也是泰勒的目标。现在，必须提高知识工作者的生产率以证明高工资的合理性。最重要的是，这需要知识工作者和他们的管理层在精神状态上和泰勒所说的"彻底的精神革命"方面做出改变。

今天，我们既不需要贬损泰勒，也不需要过分赞扬他，而是需要向他学习。我们需要将科学管理应用于知识工作和知识工作者中，就像泰勒在一个世纪前将其用在体力工作和体力工作者中一样。

CHAPTER 7 | 第 7 章

无聊的董事会[一]

招聘启事(Help Wanted)

资产数十亿美元的大型公司的董事会现招募专业成员。我们有详细的工作计划,并确保能将工作计划从纸上谈兵转变为积极决策。每年需要进行40~50天的密集工作,薪酬高,机会难得。公司总裁、律师不必申请。

上面这则"招聘"广告就是我想对未来的董事会候选人说的话。我会告诉他,我不仅仅是在寻找新鲜血液,我还要重新设计整个董事会。因为

[一] 本文首次发表于《沃顿杂志》(*The Wharton Magazine*),1976年秋季刊。

在几百年前构想董事会的时候，没有人会想到如今它竟无法再起到当初的作用。

在整个西方世界，董事会都在遭受攻击，并且正在经历变革。在使用日耳曼法系的国家和地区（即德国、荷兰、奥地利和斯堪的纳维亚地区）中往往存在"共同决定"，即在公司董事会中有工会代表的席位；在瑞典，政府指派公众代表进入大公司的董事会；在美国，越来越多的大公司将各种"少数"群体的"代表"（黑人、女性或消费者）纳入董事会。它们越来越多地选举"公共成员"来代表"公共利益"。

这些变化绝不局限于公司董事会。对传统的大学董事会、医院董事会和专业协会董事会做出改变，所面临的压力可能更大。杰里·布朗在当选加州州长后，他首先采取的行动之一就是在加州大学的董事会中增加一名学生代表。近年来，对美国医学协会（American Medical Association，AMA）最大的争论之一，便集中在年轻的受训医生、实习医生和住院医生要求在协会的董事会中享有代表权的问题上，他们最终赢得了这场斗争。现在他们正在极力争取成为医院的董事会成员。

上述所有这些向董事会施压的行为背后的假设都是"董事会很重要"。他们认为无论是在企业、大学还是服务机构中，董事会都是真正的"管理机构"。

然而几乎没有证据支持这一假设。与之相反，多年的经验表明董事会已经变成了"无所事事的国王"⊖，一个虽然合法却无能而虚幻的象征。无论在美国还是在欧洲，董事会都不会去处理企业的日常事务。董事会的工

⊖ 原文为法语"roi fainéant"，英文含义为"do-nothing king"。——译者注

作既枯燥又无聊，而且相当乏味。董事会成员感受到的，更多的是对日常事务的厌倦，而不是操纵权力杠杆的刺激。

从 1931 年迫使英国脱离金本位并引发美国银行体系崩溃的奥地利安斯塔特信贷银行（Austrian Credit Anstalt）危机，到最近的宾夕法尼亚中央银行（Penn Central）或富兰克林国家银行（Franklin National Bank）的崩溃，在过去四五十年中的每一次重大的商业灾难中，董事会成员显然是最后被告知一切都出了问题的人。在 20 世纪 60 年代末的学生运动中，大学董事会毫不知情，完全没有意识到麻烦正在酝酿之中。根据法律规定，医院董事会是医院的所有者，拥有所有的权力并且应该做出所有的决策，但很少参与医院关于成本、管理和政策的讨论。

在商业贿赂丑闻中，董事会同样无能、无知和无力。早在洛克希德公司（Lockheed）在 1975~1976 年登上头条新闻之前，商业行贿就已经成为该公司的一个公开的秘密，几乎都没有伪装成"佣金"。但显然，唯一一群不知道这件事的重要人物就是洛克希德公司的董事会成员。诺斯罗普公司（Northrop Grumman）和海湾石油公司（Gulf Oil）的董事会在这两家公司的贿赂丑闻中也表现出同样的无知和无能。公司管理层显然认为没有理由通知董事会，董事会也认为没有理由提出要求。不过，即使它们提出要求，也不会得到答复。

一些董事会成员意识到了自己的无能为力，于是开始抱怨自己没有什么作用，整天忙于琐事，即使他们想认真工作。举个例子，我曾在新泽西州一所发展迅速的州立大学的董事会任职 6 年。董事会成员是真的对这所大学感兴趣，他们大多数人在教学、研究和行政管理方面都有丰富的经验，一些人还曾担任过重要的政治职务。董事会每月至少开一次会，时间通常在下午5点左右，而且基本都会开到午夜。然而，我们很少触及董事会成员心中最重要的事情，即教育政策、学校的发展方向，或者管理人员、教师和学生之间的关系。

我们的时间反而被诸如西班牙教师的产假、免除外国学生的学费、提拔一些我们从未听说过的人或者为一个新停车场购置房产之类的琐事所占用。我们经常试图去做那些我们认为重要的事情，那些我们认为自己有能力做的事情。但是每次州高等教育委员会的代表（他会旁听每次会议）都严厉地提醒我们，州法律已经把我们限制在了那些无聊的琐事上。然而，她还告诉我们，州法律规定产假、晋升和停车场是必需的，所以无论我们投不投票，这些都会被批准。

即便是在大型企业中也存在同样的情况。董事会会议很少能摆脱这些琐事：批准那些已成事实的大量的人员晋升，批准短期预算（然而很少有董事会成员能够理解这些预算的详细情况，更不用说深入分析了），审核已成为历史的上个月的运营业绩，或者就分支机构的经理签发支票的权利进行激烈的辩论。

我遇到的许多董事会成员都有自己受挫折、感到困惑和浪费时间的经历。很多人，包括我自己，都不愿意再担任董事会成员，因为我们认为自己在这种情况下无法做出任何贡献。

如果董事会想要以严肃的目的来运作，就需要进行一些重大变革。仅仅更换董事会成员并不能提高董事会的效率。例如，德国工业界的管理者极力反对扩大共同决定。与我交谈过的每一位德国经理都认为，共同决定对董事会的工作和公司的运作都没有影响。同样地，在美国的董事会中，代表少数群体或者女性甚至消费者的董事会成员也没有对公司的运营方式产生明显的影响。

当前的讨论都默认了一个大家心照不宣的事实，那就是董事会的危机并不是什么"合适人选"的问题。当一个机构的董事会所出现的问题几乎和在过去四五十年里的每次重大惨败中所经历的非常相似时，责怪某个人或某几个人都是徒劳的。导致危机的原因是机构本身无法再起到应有的作用。复杂的大型组织（无论是企业、大学还是医院）已经发生了如此大的变化，以至于按照法律和习俗所构想的传统董事会已经不再起作用，也无法再起作用了。

在美国和西欧的相关法律中，关于董事会的规定都是在19世纪中期制定的。他们假设企业的规模很小，而且是区域性的（如果不是本地的）。企业只有一两种产品，且只有极少数人拥有它，拥有者要么是它的创始人，要么是创始人的后代。因此，这些人（或家庭）在企业中所占的股份即便不是他们唯一的财产，也是他们的主要财产，所以他们对企业的运作和成功有着浓厚的兴趣。在这种情况下，董事会可以像法律所规定的那样，由一些知识渊博而且熟悉企业事务的人组成，可以为企业的管理指明方向。

但跨国公司的情况与上述情况完全不同。跨国公司拥有多样化的市场、产品和技术，可能在20个国家设有工厂，在5个国家设有研究实验室，在60个国家建有销售队伍。跨国公司的管理结构复杂，而且就像所有的美国大型上市公司一样，其主要股权掌握在100个或更多的员工养老基金手中，也就是说，掌握在受托人而不是所有者手中。

大学董事会可以追溯到小的宗教教派学院，它最初的目的是把新教教会和其下辖的教育机构联系起来。相比之下，今天的大学更加多元化，一所大学可能有25 000名学生、4000名教师和8000名其他员工，副校长、学院院长和系主任可能都分为6级，下辖40个学院和主要的系，并且每年有1亿美元的预算。在此情形之下，传统的董事会变成了一个陈腐的笑话。

医院董事会仍然能够反映出不到一个世纪前的情况，当时的医院主要是一个让穷人体面地死去的地方。在那时，负责从社区筹集慈善捐款的医院董事会有存在的意义。而如今医院是社区的医疗保健和先进医疗技术中心，是世界上最复杂的人类机构，有大量的医疗服务和医疗保健专业人员，这在50年前是无法想象的。医院的所有收入几乎都来自"第三方支付"，即来自政府、蓝十字保险或私人健康保险，而不是来自慈善机构或病人。在这种情况下，一个由充满善意的、愿意以自己的名义为资金筹集工作提供支持的当地公民组成的董事会显然是不合时宜的。

很显然，这样的董事会无力去做法律规定它应该做的事情，也就是"管理"。管理当今世界上任何一家复杂的机构都是一项全职工作，而不是由一些人士在业余时间去做的工作（即使这些人士有良好的意愿，反应敏锐，并且也有管理自己所在机构的经验）。

那么董事会的作用还剩下什么？它还有用吗，还是已经过时了？

存在于美国民间传说中和美国历史上的、创立了标准石油托拉斯的约翰·洛克菲勒和美国新政之父富兰克林·罗斯福，都认为传统董事会完全是多余的，并且都试图撤销董事会。按照法律要求，洛克菲勒必须为他的公司设立一个董事会，但他避开了相关的法律法规，创建了由公司高管组成的"内部董事会"，这些高管大约每周开一次会，他们在其余时间都是全职经理人。富兰克林·罗斯福在设立田纳西流域管理局时，否决了关于成立外部兼职董事会的提议。相反，他为田纳西流域管理局配备了洛克菲勒式的由全职经理人组成的"内部董事会"。洛克菲勒和罗斯福在这方面持相同的观点："一项管理工作要求其负责人全职工作并且专心于企业事务，兼职的外部人员没有申请的必要。"

许多高管认为，现任董事会的唯一职能和美国宪法赋予副总统的职能一样，即在出现继任危机之前不做什么实际工作。现在董事会往往只有在管理层垮台（要么是因为现任董事长死亡，要么是因为他的工作彻底失败）时才会采取一些实际行动。

尽管大多数董事会都已成为不合时宜的附属机构，但对于复杂的大型机构而言，无论是私人企业还是公共服务机构，都需要一个真正有效而独立的外部董事会。这种需求并不是基于公共利益或希望董事会"民主"的需要。这种需求是基于机构本身的需要：除非它有一个有效的董事会，否则它无法在如此复杂的情况下很好地运作。

如果需要证据的话，近年来的行贿丑闻（例如洛克希德事件）就是证据。这不是管理层在掠夺公司财产，恰恰相反，管理层所做的都是为了公司和员工的利益，为了促进军机的销售，甚至是为了国家利益，为了改善外交政策和平衡国际收支。任何法律都不可能阻止这种行为。然而，任何客观的局外人都能看到，这种贿赂行为既极不道德，也极不负责任，而且在一段时间之后，这种行为即使不会彻底毁掉公司，也必定会对公司造成损害。这是一种不负责任的行为，而且这种"善意的"不负责任的行为恰恰是最糟糕的，这种行为只有外部董事会才能阻止。

只有有效的董事会才能履行以下六项基本职能。

第一，一家机构需要强有力的并且称职的管理层，而只有一个强大、有效、独立的董事会才能够保证机构具备必要的管理能力，并且在必要时撤换能力不足的高层管理人员。也只有强大的董事会才能迫使现任董事制订充分的计划来培养和考察未来最高管理层的继任者，使其做好担当重任的准备。

我们的社会太过于依赖那些规模庞大、结构复杂的机构，而对高层管理者的监管不够。如今，尤其是在大型上市公司，首席执行官一旦上任就很难将其撤换，除非他遇到什么大的灾祸或者得了冠状动脉血栓。很少有董事会敢罢免无能的总裁，更不用说罢免那些只是表现略为平庸的高层管理者了。然而，重要机构的所有支持者群体，无论是股东、员工、客户还是纳税人，都必须有理由确信，机构管理层确实在对一个能够对其进行监督、审计和控制的有效且独立的实体负责，也就是对一个真正的董事会负责。

第二，一家机构需要一个独立的实体，以确保有人能提出一些关键问题：这家机构的业务是什么以及它应该是什么？它的使命是什么？在关于使命的承诺中有效的结果是什么？谁是这家机构的支持者群体，它们对这家机构的合理预期是什么？这家机构未来的主要方向是什么？哪些东西应该被抛弃或者弱化？这家机构需要什么新东西？

接下来的问题关乎这家机构的基本生存需求：它需要在多大程度上进行创新才能不被淘汰？需要保证怎样的最低增长才能在市场上不被边缘化？这家机构的增长是表现在实力和业绩的提升方面还是仅仅华而不实（就像20世纪60年代所有机构的增长那样）？或者增长只是一种表象，而实际上却在退化？需要赚取多少利润来冲抵资本成本、防范潜在的风险以及为未来新增的岗位准备所需的资金？

可以肯定的是，上述这些问题只有管理层能够回答，但必须有人能够确保管理层会这么做。管理层往往会有非常好的理由去拖延对这些问题的思考，毕竟他们先要处理机构的日常事务。显而易见，任何一家机构（尤其是复杂的大型机构）在日常运营中常会出现各种问题甚至危机。

第三，一家机构需要维护其"良知"。它需要能够维护其人性和道德价值的人，需要能够对"暴政"、任意妄为或者不作为的官僚程序进行监管的人。它需要能够独立于日常工作和日常关系之外，关心这家机构的使命和价值观，并能够区分"正确"和"错误"的人。在复杂的大型机构中，很少有首席执行官能够扮演这样的角色，哪怕只是因为他不得不支持自己在管理层的同事（即便他认为他们态度马虎、决策失误或冷酷无情）。毕竟，他和他们在日常工作中抬头不见低头见。维护机构的良知需要特立独行的人，他们能够对机构中最有权力和最有价值的人的行为进行裁决。在洛克希德公司和其他公司的贿赂丑闻中，良知问题显然从未被其董事会询问过。医院或大学的董事会也是如此。

这要求机构的董事会成员定期与高层管理者以外的人员会面，既要包括中层管理者、工作组负责人和工会管理人员，也要包括教师和学生，还要包括实习生、住院医师、护士和正在康复的病人。在和这些人相处的过程中，董事会成员最主要的工作就是倾听，目的在于了解机构做的哪些事情是正确的，机构的优势在哪里。最重要的是，董事会的存在是为了阐明一个事实，那就是机构的价值观、标准与公正被给予了足够的关切。

几乎所有的机构高层管理者都不会喜欢这种想法。他们会声称，董事会"围着管理层问来问去"会损害管理层的权威。这种危险确实存在。然而，美国历史最悠久的董事会即哈佛监察委员会在过去350年的时间里一直在这样做，而并没有扰乱哈佛大学的秩序。30多位监察员都毕业于哈佛大学，并且都是哈佛大学的校友推选出来的，他们中的大多数人每年都会抽出15天的时间作为"访问委员会"的成员与该委员会的其他成员一起对哈佛大学的各个院系进行访问，与教职员工（经常也包括学生）一起坐下来，审核各院系教学及研究的水平和方向，听取大家的想法、建议和投诉，然后向整个监察委员会和学校行政部门汇报。除筹集资金外，这是监察员的主要工作。

第四，管理层本身需要一个有效的外部董事会。高层管理者在面对董事会时需要能够自信地交流、自由地思考并畅所欲言。他们需要有人能与他们分享自己的问题、怀疑和不确定。无论一家大型机构多么"宽容"或多么"民主"，身处其中的高层管理者必然是孤独的，并且会受到严格的限制。任何首席执行官在与同事或下属讨论自己的想法时都必须小心谨慎。每一个大型机构都是一个"谣言工厂"，即使是高层管理者最无心和不经意的评论，也会被加以解读甚至曲解，并被视为命令或决定。

然而，即使是最果断的首席执行官，也必须在怀疑和犹豫之中，权衡各种选择并不断与自己做斗争才能最终做出决定。即便机构有一个既了解机构本身又了解它所面对的机会和存在的问题且能置身事外的有效的董事会，也无法减轻首席执行官的孤独感。但如果没有一个真正的委员会，高层管理者就会成为自己职位的囚徒。

第五，大型机构的管理者需要一扇通向外界的窗户。不可避免地，大型机构往往认为自己庞大而重要，而除自己之外的其他事物都很渺小（如果它们的眼里还有其他事物的话）。然而，这种"医院思维""大学思维"和"企业思维"虽然不可避免，却和将军们的"军事思维"一样有其局限性。在一个庞大而复杂的组织中，其高层人员不可能轻易接触到外面的现实世界，因此他们需要确保能够触及现实世界，他们需要感知外部世界的渠道。顺便说一下，有两任美国总统便是擅长建立这些渠道的大师，他们是亚伯拉罕·林肯和富兰克林·罗斯福。他们向自己的"厨房内阁"[一]（那些独立的局外人）咨询那些持续困扰他们的内阁官员的懊恼和不间断的丑闻。

第六，大型机构需要得到选民和社会的理解。没有一个局外人能够真正了解"14楼"或"总统的办公室"里发生了什么。一些对于高层决策者来说非常明显的事情，通常不会被外部的公众察觉，包括那些在机构内部承担某些责任的人员。

以上六项职能需要由与我们从19世纪继承下来的完全不同的董事会来承担。最重要的是，董事会需要接受这样一种观念，即他们不但有责任，而且有为了尽到这些责任而需要完成的具体工作。否则，他们将一事无成。董事会现代化的首要任务不是更换董事会成员，而是改变董事会所扮演的角色，改变它所承担的职能和工作。

也许当前最重要的事情是，在某些方面减少将董事会压得喘不过气来的杂活，这些杂活大多都是琐事。如果董事会真的需要讨论这些琐事，每年一次、每次三个小时就足够了。

接下来的工作是为董事会制订适当的工作计划：对高层管理者及其表现进行系统性审查；对计划、政策和方向进行系统性监管；对重大决策进行系统性思考。即使是最有能力的董事会，如果仅仅每个月坐下来开一次

[一] 英文为"kitchen cabinet"，指领导人的非正式高级顾问团队。——译者注

会，拿出由最高管理层准备好的议程，简单地贡献一些智慧并给出一些建议，这是远远不够的。董事会必须工作。董事会必须有能够衡量自身业绩的标准（即目标），但这在今天几乎是闻所未闻的。在更大和更复杂的机构中，董事会可能需要由自己的工作人员组成的小团队，就像国会各个委员会的由自己培养的工作人员组成的小团队一样。

那么，谁应该成为董事会成员？我们先说说哪些人不应该成为董事会成员。大多数依照传统待在董事会的人根本就不该加入董事会。只要是希望从机构获取报酬的供应商，无论是提供商品的还是提供服务的，都不应该成为这家机构的董事会成员。这就排除了律师、银行家、经纪人和顾问。他们作为供应商的角色和董事会成员的身份之间存在着潜在的利益冲突。这就如同公共会计师一样，其道德准则禁止他在他或他的公司可能审计的任何公司的董事会任职。

从公司退休的官员不应该成为董事会成员。我们非常希望他们的经验和建议能得到有效应用，因此我们可能会采取日本的做法，将他们作为"顾问"留在公司，但一个人不可能在"退休"后再去监督他的继任者。

即使是最抢手的董事会成员——在一家同等规模但属于另一领域的公司担任总裁——也不应该加入任何董事会。经营一家公司的人，即使他经营的是一家中等规模的公司，也很难留出时间来做董事会成员需要做的系统性工作。如果让一名董事会成员同时担任许多公司的董事，那么他要做的事情实在太多了，即便他像赫尔曼·阿布斯（Hermann Abs）一样能干。（阿布斯是德国最大银行的前行长，他同时在150家公司的董事会中占有一席之地。）

那么究竟谁应该成为董事会成员呢？这个问题就不是那么清楚了。原因之一是，在一个董事会里需要有两类人。

第一类是"选民"代表，即投资者、员工、客户和社区中的其他群体的代表。之所以需要这样的人，并不是因为机构应该"代表社会"，而是因为机构需要他们将外部世界带入管理层相对孤立的视野和感知领域，并由他们与日益松散的公众群体进行沟通。

无论是欧洲的共同决定政策，还是美国将利益集团纳入董事会的更为务实的尝试，都解决了真正的问题。在这两种方法中，也许美国的方法更有意义，它承认现代的机构有许多诉求不同的选民（尽管这只是一种装模作样的即兴表演）。共同决定政策则使社区和经济社会中的所有群体及其利益都服从于投资者和企业员工的"生产者利益"。我认为，这种形式更像一个对消费者不利的"生产者卡特尔"，而不是它自称的"工业民主"。

有趣的是，在大多数关于选民代表的讨论中，最大的也是最重要的和产生最少代表的"选区"几乎从未被提及。我指的是美国大企业的新的所有者——美国工薪阶层的养老基金。目前盛行的言论指责如今的公司董事会只代表股东，而忽视其他社会群体的利益。然而，在典型的美国公司中，根本没有大股东的代表。

如今，养老基金拥有上市公司约 30% 的股权，在 1000 家最大的上市公司中甚至可能拥有更多的股权。这已经足够给予它们有效的控制权。几年之内，如果近期出台的《养老金改革法案》（Pension Reform Act）生效，它们则会拥有 50% 甚至更多的股权。不过，虽然养老基金在法律上是股权所有者，但实际的股权所有者是投资者，管理养老基金的则是受托人。这些受托人既不想成为董事会成员，也没有资格成为董事会成员，因为这样做有悖他们的法律责任。他们的职责是，如果不喜欢一家公司，或者觉得这家公司的前景或管理方式不尽如人意，就尽快卖出这家公司的股票。

那么，谁来代表股权所有者，即国家员工和他们的养老基金呢？又如何代表呢？这是我们在大企业董事会的组成方面所面临的最重要和最困难的问题之一。

无论我们认为哪个"选区"有权派代表加入董事会，它们所派的代表在本质上都是顾问，而不是决策者。因为这些代表作为董事会成员所需承担的职责（即对机构的责任）和其对选区所需承担的责任之间存在冲突，这种冲突是存在于利益与忠诚之间的固有的冲突。

我来解释一下这个问题。处境不佳的德国大众汽车公司的首席执行官在几年前被公司董事会里的工会成员赶出局，因为他提议在美国建立一个组装工厂。工会成员一致认为，"甲壳虫"在欧洲已经过时了，几乎卖不出去了，而美国市场是"甲壳虫"唯一剩下的好市场，并且当时"甲壳虫"仍是大众的支柱产品。此外，工会成员还一致认为，大众汽车在德国的成本已经大幅上升，以至于其出口产品无法在美国市场上竞争，或者只能以远低于成本的价格出口。然而，工会成员表示，即使事关公司的长远生存，他们也不能为了保障公司的最佳利益而投票，相反，他们必须为了保障为大众汽车工作的工人的切身利益而投票，因此他们不得不反对在美国建立组装工厂。10年后，即使是大众汽车董事会的工会成员也不得不承认在美国建立组装工厂的必要性。但到那时，大众汽车已失去了相当一部分的美国市场。它是否能通过晚10年在美国建立一家组装工厂来恢复元气，还有待观察，但日本的供应商却得到了大众汽车因工会的短视而失去的这部分市场。

在美国，一些被选入公司董事会的黑人认为他们代表了公司内外的黑人社区。另外一些人则表示，身为黑人与身为董事会成员这二者之间无任何关系，他们认为公司的利益是最重要的。我认识一些非常有能力的黑人，他们断然拒绝加入董事会，因为他们找不出解决这种冲突的办法。

最了解这一问题的"选区"代表是瑞典的董事会中的工会成员。顺便说一下，在意识形态上，他们是董事会新成员中最左倾的。在瑞典，当关于工会可以派代表加入公司董事会的法律通过后，工会组织了一所"公司董事学校"，其教师队伍由瑞典主要的银行家、公司总裁和公司董事组成。"我们的成员，"他们的一位领导人对我解释说，"必须学会如何作为专家顾问为公司服务，而不是继续充当劳动者的发言人，否则他们就会立刻丧失诚信与效力。"

机构和它的管理层以及社会还需要第二类董事会成员，那就是能够确保机构最高管理层有效工作的人，能够推动最高管理层去思考和制订计划的人，能够作为机构"良知"的人，能够为最高管理层提供咨询和顾问服务并在知情的情况下充当其批评者的人。或许这可以被称为"执行董事会"，它承担的不是"管理"职能，而是"指导"职能。

在更庞大和更复杂的机构中，这些成员将必须投入大量的时间为董事会工作。每个月4~5天，或每年40~50天，这可能是最少的。换句话说，这需要在每个董事会中有几个"专业"成员。每个专业成员只能为少数几个机构服务。当选董事会成员后，他们的服务期限应该长到足以熟悉该机构的程度，例如5~6年。他们或许不应该有资格立即连任，以免好像得到了管理层的恩惠一样。他们应该得到优厚的报酬。一名专业的董事会成员在担任4届或5届董事会成员期间所赚的钱，应该和一名资深的高层管理者一样多。

这样专业的董事会成员仍然相当少见，不过"业余爱好者"担任董事会成员的日子似乎已经到了尽头。美国证券交易委员会和法院都在提高对董事会成员的法律责任的要求，除非把董事会的工作当作一项严肃、耗时的工作来对待，否则担任董事会成员的风险会非常大。

过去，董事会成员的身份是一种私人荣誉——通常没有报酬，但是一种荣誉。董事会曾经是一个舒适的地方，每个月花上几个小时来开会，对管理层的提议进行表决。对这样的董事会进行革新，主要不是通过法律或改变其成员资格来完成的。这是一项更大的工作，需要为了机构自身的利益而改变董事会应承担的任务和工作。这主要对高层管理者提出了挑战，因为管理层自身的运作及其合法性将越来越依赖一个有效的、独立的董事会。

CHAPTER 8 | 第 8 章

当固定年龄强制退休制度被废除之后[一]

在我做过的所有预测中，没有一个比我在 1976 年春天做的预测更容易遭人嘲笑的了。[二] 我当时预测说，再过 10 年，也就是到 20 世纪 80 年代中期，美国的强制退休年龄将被延至 65 岁以上，并且强制退休制度（不管是定在哪个年龄上）有可能被完全废除。

当时人们普遍认为，强制退休年龄很快会降至 65 岁以下，因为当时的工会正努力争取在 60 岁时或最晚在 62 岁时强制退休。

[一] 首次发表于《商业的未来》（*The Future of Business*）一书，该书由马克斯·维斯为乔治城大学编辑（纽约：佩加蒙出版社，1978 年）。

[二] 参见我的《看不见的革命：养老基金社会主义如何来到美国》（*The Unseen Revolution: How Pension Fund Socialism Came to America*）一书（纽约：哈珀与罗出版公司，伦敦：威廉·海尼曼出版社，1976 年）。

然而，就在我的著作出版后的 15 个月内，美国最大的州加利福尼亚州禁止了强制退休。与此同时，美国国会正在着手将退休年龄提高到 70 岁。到目前为止，几乎可以肯定的是，任何一个固定年龄的强制退休制度都将退出历史的舞台，并会在整个美国消失。尽管遭到了来自劳工、商界、政府和学术界等所有利益相关方的强烈反对，美国的国家政策还是发生了 180° 的重大变化。

尽管政策逆转来得很突然，但其在人口、经济和政治方面的原因却是经过了多年的累积才形成的，并非一蹴而就的。从根据公开统计数据生成的报告对于趋势所进行的分析中，新的政策方向在 20 年前就可以被预测出来。由于政府、企业、工会、媒体或学术界没有对这些趋势所带来的政策性影响进行分析，美国到现在还没有做好根据新政策要求进行重大调整的准备。美国仍然在用"大萧条"时期形成的思维定式来看待退休政策以及更明显的失业问题。美国公众舆论的意见领袖们在精神和情感上的态度是如此僵化，以至于他们忽视了自 20 世纪 40 年代以来发生的巨大变化。这是一个最好的例子，它说明我们必须带着预见和解决未来可能出现的问题的态度来审视各种趋势。

在未来的 10 年里，社会看待和处理就业这一核心问题的方式将会发生一系列变化，目前退休政策的变化只是其中之一，而且不一定是最重要的。我们将不得不认识到，"失业"已不再是核心问题，尽管它主导了最近 40 年的与政策相关的讨论。经济需要并能够吸收比现在更多的工人，只要改变公共和私人政策框架，以满足美国劳动力市场的实际情况。只要简单回顾一下固定年龄强制退休的历史，我们就能看到更广泛的变化和未来即将出现的问题。

从政治上来说，放宽退休年龄的要求已经变得无法抗拒，因为美国老年人群体的力量在不断增长。65 岁以上的人是这个国家增长速度最快的"少数群体"，实际上也是唯一在迅速增长的"少数群体"。他们现在占美国总人口的 1/10 以上，再过 10 年，这个数字将上升至 1/7。而他们在处于劳动年龄的人口中所占的比例要大得多。老年人将逐渐成为一个庞大的群体并且将为社会带来极大的压力。与其他群体不同的是，老年人分布在各类群体中，跨越了所有传统的政治界限——无论是经济的、社会的、地区的、性别的还是种族的。

从固定年龄强制退休变为弹性年龄退休是不可避免的。从人类的角度来看，这也是可取的。65 岁便强制退休使得许多想要工作的健康人群变得懒散和无用，即便是做兼职工作也会如此。65 岁是美国 60 多年前规定的强制退休年龄，当时对于人类寿命和健康的预期都比现在低得多。在 1920 年的男性的 65 岁相当于现在的 75 岁或 78 岁，女性的 65 岁相当于现在的 80 岁。反过来看，今天 65 岁的人享有的健康和预期寿命与 20 世纪 20 年代的 52 岁或 53 岁的人相当。

诚然，许多 60 多岁的人想要退休，但是大部分退休的人——不管他们是提前退休还是继续工作到 65 岁再退休——很快就会发现他们想要的只是一个长假而已。然而，在美国社会保障和养老金计划的传统政策下，他们如果想要回去工作，就会受到严厉的"惩罚"。因此，给予人们推迟退休的选择，无论是通过推迟强制退休，还是通过完全废除强制退休制度，都是为回应 20 世纪人类在延长寿命和维持健康方面所取得的巨大成功而做出的迟来的调整。

从经济上来说，延迟退休或者弹性退休也非常可取。在现在达到退休年龄的美国人中，绝大多数（3/4或以上）只完成了初中教育，或者完成了一两年高中教育。他们大多是在制造业、采矿业或服务业工作的蓝领。而在新进入劳动力市场的年轻人中，大约有一半的人拥有高中以上学历，有的上过专科学校甚至上过大学。因此，很少有新进入劳动力市场的人能够从事退休人员腾出的工作。总的来说，我们面临着新劳动力的严重短缺。而几年后，在"婴儿潮"时期出生的人就将全部进入劳动力市场（他们中的大多数现在已经进入劳动力市场了）。届时，新进入劳动力市场的人将是在"生育低谷"时期出生的人。（"生育低谷"时期始于20世纪60年代中期，当时出生的婴儿的数量比"婴儿潮"时期下降了30%。）在某种程度上，这种短缺可以被更高的年轻女性的劳动参与率抵消，年轻女性的劳动参与率现在已经和年轻男性一样高了。但新生婴儿数量的下降已成定势。从现在起，在接下来的20年里，新加入劳动力市场的人数将稳步下降，而且能够胜任退休人员腾出的工作岗位的新劳动力人数也将大幅下降。

这一变化会造成的最明显的实际后果是，我们无法再实行65岁强制退休制度，也不能通过社会保障体系或私人养老金来支付退休金。1935年，当美国首次实施社会保障制度时，美国的在职人员与65岁以上退休人员的比例为9:1。到1977年，这一比例已降至4:1。到1985年，这一比例将降到3:1。此外，还有所谓的"遗属"，主要是寡妇，她们在配偶去世时年纪太大，已无法重返劳动力市场。而抚养比例——即劳动力和需要赡养的退休人员的比例——已经低于3:1，现在有9200万美国人在工作，同时有3200万美国人在领取退休金或成为遗属。到1985年，除非推迟强制退休，否则这一比例将降至2.25:1左右。在计算这一比例时，我们没有考虑的一个事实是，越来越多的新进入劳动力市场的人，特别是年龄较大的已婚妇女，并没有全职工作。而在假设所有劳动力从事的都是全职工作的情况下，抚养比例就已经远远低于3∶1了，这意味着每个在职的美国人必须将其收入的 1/3 用来缴纳社会保障税，为养老基金捐款，以及越来越多地通过缴纳一般税来帮助退休的老年人和领取养老金的人。

这种情况在政治上和经济上都是令人无法忍受的。这意味着，无论是由政府承担还是由雇主承担，养老金日益成为经济的首要负担，甚至超过了资本形成、维修及建造工厂和设备、创造新的就业机会所需要的资金。这也意味着通货膨胀会变得既不可避免又令人难以忍受。

即将出现的新问题

虽然废除固定年龄强制退休制度是不可避免的，也是可取的，但这样做也会带来严重的问题。雇主、工会和政府决策者会因此面临全新的挑战，而他们对此却毫无准备。

1. 第一个挑战，也是诸多挑战当中最棘手的一个，是为那些在身体上或精神上无法继续工作的人员制定退休标准。如果像加利福尼亚州的法律明确规定的那样，不再允许按年龄退休，那么就必须有年龄以外的客观标准，即阻碍继续工作的身体或智力方面的障碍。那么，谁来制定这些标准？谁来管理它们？加利福尼亚州的法律谈到了能够继续胜任工作的"能力"，这又是指什么？它如何定义？谁来定义？

我们通过那些有除年龄以外的退休标准的职业（例如飞行员或机车工

程师）了解到，标准必须事先制定，并且雇主和员工代表之间最好达成一致。实际上，我们知道，如果雇主单方面武断地制定这些标准，将促使激进工会的形成。我们也知道，这些标准必须被公正地实施，也就是说，要由外部的专业人员来实施，不管有没有雇主和员工代表参与。最重要的是，我们知道，同样的标准必须适用于不同年龄段的人。如果老年人和年轻人处于同一职级并且他们所具备的能力也相仿，老年人退休了，年轻人却被允许继续工作，这种做法看起来就像一种"歧视"。如果没有用来判定年轻人"能力"的标准，也没有定期对他们是否符合这些标准进行评价，那么说一个没有完全瘫痪或昏迷的老年人"不称职"就不可能得到支持。事实上，一些工会组织（如部分地方的卡车司机工会）已经表示，即使是一个截瘫的人，只要年龄足够大，也必须让他继续工作，因为"他总能做些什么"。

对于那些需要从业者符合某些确切生理指标（比如飞行员的反应时间或者视觉灵敏度）的工作来说，制定这些标准并不是什么大问题，尽管把它们制定出来还需要很长时间。但是另一些工作所需要的条件则基于主观判断，例如与人合作的能力、倾听新想法的能力和意愿、在课堂上的表现等，这些工作又该怎么办呢？换句话说，该如何为知识工作者所从事的这些工作制定标准？知识工作者越来越成为美国经济和劳动力市场的核心力量，但到目前为止，还没有人为他们从事的工作制定相应的退休标准。

在大学里，一些杰出的教师在过了传统的退休年龄之后，每年仍有合同在身，"这取决于他们的体力和脑力能否支持他们继续工作"。这样的决定通常由大学的行政官员做出，教师团队的建议可有可无。虽然上了年纪的同事被"建议"最好停止工作，但决定终止这些杰出的上了年纪的教师的合同的事情几乎没有发生过。这样下去是不行的，我们迫切需要建立一套正当的程序，使机构能够让那些不再胜任工作的人离开，即使那些人签有合同或拥有终身学术职位。

我们接下来面临的问题是关于联邦法官的。当年的开国元勋们宣布，联邦法官除非遭到弹劾否则不得被免职，但那时他们并没有料到联邦法官们会活到像今天这么大的年纪。我们知道联邦司法系统需要设计一些自我调节机制，必须有一个机构（或许是由最高法院首席大法官担任主席的美国司法会议委员会）能够罢免已不再胜任的联邦法官。然而，对于大量的工程师、会计、研究人员、销售经理和教授来说，这一点又该如何做到呢？如果没有这样的规定，能从延长工作年限中受益的人恐怕将只有律师。

我们或许应该继续对身处高级职位的人员执行强制退休制度，而不对其他人这样做。我坚持认为，无论在商界、学术界还是政府部门，都不应该让高层管理者无限期地工作下去。可以免去一位50岁的市场营销副总裁的职务，尽管这可能意味着要买断他的工龄，因为让他一直干到退休没有任何意义。

不允许高层管理者留任的一个原因是，衰老是一种病人自己完全不会意识到的"疾病"。如果我们让年长的人自己决定什么时候辞去高层管理职位，那么我们将冒着高层管理者患上"衰老"这种疾病的风险。已经有太多的例子表明，那些首席执行官会拒绝退休，他们在自己的位子上待的时间太长了。30年前蒙哥马利·沃德公司（Montgomery Ward）的休厄尔·艾弗里（Sewell Avery）就是一个典型的例子。与此同时，也没有理由让年龄虽大但还能够正常工作的人完全停止工作。我们没有理由不让一个有足够智力的营销副总裁继续承担比较高级的工作，例如负责市场研究、客户关系或产品开发。现在需要的只是不让这些年龄较大的高层管理者继续拥有决策或指挥的权威。此外，同样的规则也应该适用于那些不担任高层管理职位的人员。我们还需要为政府、大学或学校的工作人员制定类似的办法。我们需要能够把一些人从高层管理职位上调离，因为他们继续担任高层管理职位风险太大，而且我们也需要为年轻人提供机会。如果这些被从高层管理职位上调离的人在精神上和身体上能够继续工作并且也愿意这样做，我们需要能够让他们从事有用和有效的工作。

2. 同样重要（或许更为紧迫）的问题，是关于那些超过了退休年龄但仍然在职的人的权益和福利的问题，他们本可以拿着退休金体面地退休。无论是美国企业还是美国政府，都没有考虑过这个问题。在现行的法律和工会合同中，这些人可以保留以现有级别继续工作的所有权利，包括职位晋升、现有薪资和加薪。即便被解雇，他们也可以保留全部工龄，哪怕他们有足够的退休金。如果我们继续这样做，就会看到一个荒唐而不公平的结果：让子女已长大成人、没有父母需要赡养、可以获得与工资相当的退休金的老年人继续留在工作岗位上（仅仅是因为税收负担较低而且他们可以获得医疗保险），而与此同时解雇那些年轻的成年人和需要养育子女、赡养父母的一家之主。然而，这是工会必须坚持的，除非今天的雇主（无论是在私营部门还是公共部门）制定出更公平的制度。

根据现行的法律和工会合同，那些在达到可以获得全部养老金的年龄后继续工作的老年人，仍将会得到全部的社会福利，并且也需要承担这些福利带来的全部负担。例如，65岁以后继续工作的男性或女性和他们的雇主一样要缴纳全额的社会保障税。即使这些人已经付清了自己全部的养老金，他们也还需要继续缴纳养老金。在大多数医疗保健计划中，超过65岁的员工仍然必须支付全额的"蓝十字"和"蓝盾"费用（或者相应的保险费），即使医疗保健计划会为他们报销大部分医疗费用（实际上许多医疗保险计划会报销得更多）。这显然是不公平和愚蠢的，付出这样高的成本不仅不必要，而且不会有什么好处。然而，这将成为雇主和员工的常规负担，除非雇主和工会现在就开始调整它们的计划以适应新的现实（即灵活的退休年龄）。

日本人很早就在无意中解决了这个问题。日本的官方退休年龄是55岁，这一规定是在70年前制定的，而那时日本人的预期寿命约为43岁。如今，日本的预期寿命与西方相同，因此55岁的退休年龄如今已不再适用。实际上，日本真正实施的不是退休政策，而是"不退休政策"。绝大多数的日本员工在超过55岁后仍继续工作，而且他们中的很多人还和以前一样在同一家公司做着相同的工作。然而，他们不再是"永久"员工，而是"临时"员工，这意味着如果公司业务不景气，他们可能被解雇。他们不再有工作保障也不再享有之前的资历所带来的权利。他们不能再获得职位晋升，他们的收入也下降了30%～40%。与此同时，只要身体和精神健康，许多公司的员工在退休后会享有优先受雇的权利，但他们只能作为"临时"员工。按照日本人的说法，这样做的逻辑是超过65岁的人通常不再有需要依靠他们的孩子或年迈的父母。他们所需的生活费用相对较低，并且和大多数国家一样，政府会支付他们的医疗费用。然而这些人是一种宝贵的资源，很少有雇主会轻易放弃。

3. 总而言之，固定年龄强制退休制度的废除，或推迟固定年龄的强制退休制度，将会越来越多地迫使雇主创造固定的全职工作，并长期聘用兼职人员。很多老年人不想从事全职工作，而且年龄越大，他们越想从事兼职工作。对于美国劳动力中的另一个主要的新员工来源——年长的已婚妇女来说也是如此。越来越多的雇主将不得不学会雇用兼职人员。

从很多方面来说，这些兼职人员都是最理想的员工。一般来说，他们不会频繁变动。一旦他们有了一份工作，他们就会坚持做下去。他们很少旷工或生病。一般来说，他们更愿意去朋友们都在的地方工作，而不是一个人待在家里，毕竟在家里只有电器，没有人可以和他们说话。然而，这些兼职人员的态度会有所不同。例如，他们不接受传统的"监督"，毕竟他们在职场中经历的时间和经营家庭的时间都已经足够长了，因此知道什么是工作，并且懂得自律。

兼职的员工需要不同的福利。例如，年长的员工需要为其缴纳补充医疗保险，以覆盖现有的医疗保险没有覆盖的范围。他不需要失业保险，也不需要再为其缴纳社会保险或企业养老金。从事兼职工作的年长的已婚妇女如果在其丈夫的保单下投保，则不需要为其缴纳医疗保险。换句话说，福利必须更加灵活才有意义。在目前的制度下，兼职人员要么享受不到任何福利（尽管为他们争取福利将成为工会的主要诉求），要么享受着实际上对他们没有任何好处的福利。如何让花在兼职人员（无论是超过了传统退休年龄的老年人还是已婚妇女）身上的福利支出为他们带来最大的好处，是一项重大挑战，也是雇主和工会亟待解决的问题。

未来美国近2/5的劳动力可能都是兼职工作者，包括超过传统退休年龄的老年人、已婚妇女和仍在上学或上大学的年轻人。对此我们完全没有准备，实际上我们甚至完全没有意识到这一点。对几乎所有人来说，"劳动力"仍是指全职工作的成年男性，而实际上他们在劳动力市场中所占的比例不到 1/3，还有 1/4 左右是全职工作的成年女性。

仍被禁锢在 50 年前的现实中的人不是只有雇主和工会。我们关于就业和失业情况的统计数字也是过时的，因为它们没有反映劳动力的巨大变化，没有反映出将来兼职员工将是一个很大的群体（也许是最大的单一群体），他们中的许多人除了自己工作的收入以外，还可以获得其他的经济支持，无论是社会保障和退休金、配偶的工资，还是父母的支持。我们甚至都不知道劳动力市场的规模，从现有的人数统计中无法看出有多少空缺的全职工作岗位。类似地，我们也有关于可能从事某些工作的人数统计数据，即所谓的"失业人数"，但这个数字并不能说明这些失业者可以胜任多少工作，因为我们不知道他们中有多少人可以从事全职工作，又有多少人只能做最少量的兼职工作。目前我们甚至无法推测由于失业会损失多少额外产量。关于因缺乏充分就业而遭受到的损失，所有的公开数字都只是基于一个站不住脚的假设，即所有人都是"可以工作"的，这些报告认为失业的人每周可工作 40 小时。目前我们甚至无法猜测失业会带来什么样的经济困难。对那些可能从事兼职工作的人，我们完全没有与他们的其他收入来源有关的信息，无论是退休金、配偶的工资、父母的支持，还是社会福利和失业保障。

拒绝接受兼职工作者尤其是年长的兼职工作者的做法，已经成为美国劳动力市场的主流，并已严重扭曲了人们对经济的认知和政策的制定。例如，它解释了为什么工会和自由主义经济学家声称出现了"创纪录的失业"，尽管在过去几年真正创纪录的是美国成年人在职的人数和比例，无论是全职还是兼职。然而，它也解释了为什么尽管自由主义者在国会中是多数派，但主要的通货再膨胀政策却仍然没有出台——由于"失业者"中有很大一部分（虽然不清楚是多少）能从事兼职工作，所以没有政治压力去推行"反萧条"政策。

我们拒绝面对兼职员工数量的稳步增长，尽管这已经阻碍了政策制定。现在固定年龄强制退休制度正在迅速退出历史舞台，随着众多年龄较大的人继续工作，这种对兼职员工的数量增长视而不见的做法将成为重大错误的根源。特别是雇主和工会不能再坚持认为员工必然意味着"全职工作者"。然而，总的来说，这两方却都相信员工意味着"全职工作者"。

4. 今天，劳动者们被鼓励继续工作或退休。将来，人们进入和离开劳动力市场的可能性会越来越大。例如，女性通常在生第一个孩子之前都会有一份全职工作。生育后她们往往会放弃工作（除非离婚），直到最小的孩子八九岁之后她们才会返回工作岗位，尽管通常只是兼职。而那些过了传统退休年龄的人，更倾向于成为兼职工作者。他们都享受着养老金。与此同时，他们中的许多人（也许几乎是大多数）都想要工作。在当前的情形下，退休的员工（例如提前退休的员工）发现自己很难再回到工作岗位上。雇主通常都不需要他们，因为企业需要为他们缴纳的养老金太多。在我们目前的制度下，雇主不能在它们的养老金计划下区分依赖企业养老金计划的员工和已经有养老金并且最多只是需要补充一部分额外养老金的员工。不管是在任何年龄段，只要人们享受到的社会保障减少了，都会阻碍他们工作。在这一领域，我们需要新的思维，以免经济被对任何人都没有好处的高成本的效益拖累。

具体来说，我们必须考虑社会保障问题。美国现行的社会保障制度是在"大萧条"时期的1935年制定的，其目的非常明确，即尽可能多地让人们离开劳动力市场。在未来10年，我们越来越需要相反的政策，也就是鼓励人们继续工作。目前，任何家庭收入低于美国收入中值（也就是每个家庭每年1.4万美元）的人，在年满65岁且可以享受全额社会保障金时，都会有强烈的动机不再继续工作。因为社会保障金是免税的，医疗保健实际上也是免费的并且不用纳税，而且越来越多的人可以获得一些雇主支付的养老金，其中很大一部分也不用纳税。如果年长的低收入员工能够以社会保障金和养老金的形式得到相当于当前工资的50%～60%的收入（社会保障金通常给到50%），那么他再像退休前一样继续工作就等于失去了一部分实际收入。

我们需要的是一项鼓励人们继续工作并能够保持经济效益的政策，这也意味着为政府创造税收。但这样的政策不能对退休人员带来不利影响，即使仅仅因为这种不利影响在政治上是不可接受的。我们实际上已经在进行这样的政策变革了，而且已经走得很远了。现在，那些有资格享受社会保障福利的人推迟领取社会保障金的时间越长，他们得到的金额就越大。然而，我们目前的政策仍然对在65～72岁仍然工作的人非常不利。这些年来，处于这个年龄段的人的收入如果稍微高一点，他就会失去全部或几乎全部的社会保障福利，即使他已经为这些福利付了足够的钱。他要支付个人所得税。事实上，除非这类人的收入非常高，年收入能够超过2万美元，否则他实际上是在按工作收入100%的税率纳税的。可以预见，这种状况难以持续下去。事实上，我希望它能在20世纪80年代末之前有所改变。

5. 现在，公共部门面临着最困难的也是最重要的问题，即固定年龄强制退休制度已经废除。私营企业的养老金计划存在问题，一方面是因为人们的寿命比我们 20 年前预期的要长得多，另一方面是因为通货膨胀。而公共部门（尤其是州政府和地方政府）的养老金计划则是一团糟，并且事实上基本毫无价值可言。可以肯定的是，公共部门员工的养老金可能会被大幅削减，公众越来越觉得这些人的养老金太高了。我希望法律可以限制政府退休员工的收入，比如不高于他们退休前的税后收入。目前，相当一部分公共部门退休员工的税后收入比他们在职时的工资还要高。人们将越来越认为这不公平，并且也越来越不符合美国各州和各城市的财政状况。

与此同时，我们的政策对公职人员非常不公平。私营企业员工在工作满 10 年之后便可获得养老金，这意味着他们有了一个以自己的名义开立的账户，能够确定自己在达到可领取养老金的年龄时享有领取养老金的权利。而公共部门的员工，特别是州政府和地方政府的员工，就不享有这样的权利。通常情况下，除非他们为特定的雇主（城市或国家）服务满 20 年，否则他们没有领取养老金的权利。只有这样，他们在提前退休时就有权获得一笔巨额养老金。但获得巨额的提前退休养老金在很大程度上是一种收入反向分配，这种做法把穷人的钱分配给了富人。通常情况下，在诸如洛杉矶和底特律这样的大城市的警察队长会在工作 20 年后提前退休，之后在一个富裕的郊区担任警察局长，如果他没有从他的第一个雇主那里获得可观的提前退休养老金，郊区就必须支付他的薪水，而这只是郊区必须支付的薪水中的一小部分。面对没有资金或资金不足的情况，大城市和大州的政府越来越无力兑现养老金的承诺。为提前退休的人员提供的养老金将遭到越来越多的质疑和攻击，而且无法为其辩护。

与此同时，我们必须学会按照我们在私营企业分配养老金的方式来分配公共部门的养老金。在公共部门，我们将面临同私营企业一样的问题，即如何制定退休标准，如何为超过传统退休年龄仍在工作的人和年长的兼职员工带来权益和福利等。

从事第二份职业的需要

废除固定年龄强制退休制度所带来的最重要、最新的挑战是，中年知识工作者需要从事第二份职业。这是雇主们在很大程度上必须满足的需求。

固定年龄强制退休制度的废除，将日益迫使雇主为所有的知识型员工制定业绩、能力和晋升方面的相关标准，并且这些标准不能与年龄挂钩。雇主在解雇那些不够能干的45岁左右的中年员工（会计、培训主管、销售经理、工程师或副教授）时将面临越来越大的压力，它们会发现根本没办法解雇这些员工。如果有雇主试图这么做，它将被认为犯有"年龄歧视"罪，而且固定年龄强制退休制度被废除后，雇主就不能再像现在一样说："哦，好吧，反正他几年后就要退休了。"雇主唯一能做的一件事就是让这些刚步入中年的员工从事另一份工作、另一份职业。

一旦一个人在65岁或60岁自动退休不再被认为是理所当然的事情，员工就会产生想要从事另一份工作的强烈动机。然后，对那些发现自己在工作中走入死胡同或处于停滞状态的中年人来说，在同一家单位、同一份工作上再待二三十年的前景就成了一场噩梦。

在1974年的养老金改革法案出台之前，这类人很少更换工作，除非被解雇。因为更换工作会让他们在养老金上遭受很大的损失。但如果养老金是在服务满10年之后兑现,这一群体的流动性就会比现在高得多。随着固定年龄强制退休制度的废除,这一群体必然需要并会要求更高的流动性。最重要的是,要进行有组织的就业安排,为他们提供第二职业。一位会计对在其中工作了30年的钢铁公司感到非常厌倦,准备去社区医院当业务经理;公司或市政府的助理法律顾问无法成为最高法律顾问,但可以成为中型律师事务所的合伙人;一位教了20年日语入门课程的教授,虽然不可能出版一本学术著作,但是现在他已经准备好处理一家日本公司和它的西方合资伙伴之间的关系;等等。

在咨询公司和专业型公司(管理咨询公司、工程咨询公司、律师事务所和注册会计师事务所),为员工系统地安排第二份职业是很常见的。长期以来,美国一家专门寻找科学技术人才的、在行业内领先的猎头公司,一直坚持要为它所招聘的科学技术人员从事另一份职业进行系统性的安排。由此我们可以知道,未来的雇主只需要几年时间就会意识到,寻找第二份职业的人并不是"不合适的人"或"失败者"。我们也知道,雇主需要做出系统性的努力,让中年员工得以从事第二份职业。事实上,我们知道明智的做法是在告诉这些人他们将被解雇之前,为他们找到一些潜在的就业机会。

更重要的是,废除固定年龄强制退休制度将使寻求另一份职业成为家常便饭。相当多的人会有多种"职业道路"可供选择。将会有越来越多的人在45岁左右改变职业,等到70岁左右时,他们或许又会改变职业并且转而从事兼职工作。

总而言之,弹性退休问题将成为美国未来10年的核心社会问题。它将发挥20世纪60年代少数族裔就业问题和70年代妇女权利问题所发挥的作用。雇主、工会和政府决策者当前对弹性退休的重视程度，低于他们在40年代对少数族裔权利和在50年代对妇女权利的重视程度。这种忽视是危险的，可能带来高昂的代价。放弃固定年龄强制退休制度将带来新的需求，这些需求及其将创造的机会需要得到优先考虑。这些新的需求实则源自一项伟大的成就。人类寿命得以延长是20世纪最伟大的成就，这项成就所带来的需求相对容易满足。不过现在是时候正视并着手解决它们了，否则10年后它们将从"需求"演变为无法忽视的"问题"。

第 9 章 | CHAPTER 9

科学与工业：在对抗中相互依赖[一]

在过去的美国，科学界和工业界之间曾经存在一种相互尊重的关系，这种关系建立在一种不言自明的信念之上，即它们是相互依赖的。这种关系虽然离我们已经很遥远了，但它曾使科学界和工业界都产生了独特的成果。

二战之后，在美国，这种传统关系第一次发生了变化。当时，做研究在工业界和政府成为时尚。在那些年里，股票市场根据上市公司在研究上的投入来评估上市公司的价值，拥有一个豪华的研究中心（就像大学的一样）被认为是对上市公司管理层能力的证明。同样，在那些年里，科学研

[一] 本文首次发表于 1979 年 5 月 25 日发行的《科学》(Science) 杂志。

究逐渐被视为有效的、经过精心规划并且有适当革新的政府计划的标志，这一点在20世纪60年代美国的太空计划中表现得最为突出。

在二战后的几年中，美国将科学研究成果转化为工业应用的能力被认为是美国科学界和工业界的突出优势。比如，诸多论文连篇累牍地指出，英国人在科学研究方面的实力和美国一样强大，但英国未能将其在电子、高分子化学、计算机、雷达或航空方面的科学研究成果转化为技术和产品并实现经济进步，而美国做到了。

同样地，尤其是在杜鲁门和肯尼迪时代，美国政治家和政府的行政人员都有强烈的意愿将科学（包括"硬科学"和"软科学"）应用在研究社会和政治问题以及设计与社会和政治问题相关的计划上，这在美国国内外都被视为一项独特而伟大的成就。由于美国科学家对政治与社会的需要和机会以及政治进程的价值和动态所具有的敏感性，全世界对美国社会的创新能力有各种各样的解释。

从数量上来看，这种关系似乎一直以来都非常紧密，在计算机科学、固体物理和核物理、地球科学和生物化学等领域甚至可能更紧密。也许有人会说，尽管那些直言不讳的新左派批评者宣称科学无关紧要或者抨击美帝国主义的邪恶，尽管有越南战争和通货膨胀等因素的影响，但科学界和工业界之间的关系并没有真正改变。也许的确可以断言，那些广泛的、公开的、清晰可见的事态发展，以及媒体上的头版头条和那些公开的抗议行动，都不过是大海上的几朵浪花而已。

然而，现实表明科学界与工业界之间的这种传统关系还是发生了重大变化。这种变化不是体现在科学界与工业界和政府的决策者之间可衡量的现实关系上，而是在情绪、价值观和这种传统关系的意义上。如今，科学界和工业界双方互不信任，彼此不抱幻想，相互厌恶，更糟的是，彼此都缺乏兴趣。现在大量的美国科学家倾向于怀疑传统关系正在遭到玷污或者不再纯洁。虽然工业界仍宣称尊重这种关系、尊重研究，但工业界的行为已不再完全与工业界的专业性相符。至于政府，现在则有一种强烈的倾向，用政治上的权宜之计或政治上的时髦论调来判断科学。也就是说，政府试图使科学（无论是基础科学还是应用科学）从属于价值判断，而这些价值判断与任何可以被称为"科学"的标准都是背道而驰的，并且在很大程度上是不相容的。

在工业界和政府中，甚至越来越多的人怀疑科学研究是否真的能带来成果。人们经常争论说，如今的尖端科学研究变得日益复杂和专业化，导致科学研究成果转化的前置时间被拖长。但是，并没有证据能够证明这一点。从新理论知识的出现到它的第一次应用（例如从麦克斯韦理论的产生到西屋电气公司的成立，从 X 射线衍射到卡罗瑟斯对聚合物的研究并最终合成尼龙，或者从量子力学到半导体的发明），这中间所需要的时间一直都是 30~40 年。正在改变的不是事实而是信念。科学界和工业界变得疏远，甚至相互指责。这种状况比较危险，尤其是对美国的科学界和科学家来说。双方都会有损失，但科学界的损失更大。

工业的道路

工业界的思维方式和价值观正处于对科学界的需要、价值、目标和观念产生敌意的危险之中，需要制定有效政策的政府决策者的心态也是如此。造成这种情况的一个原因是，在通胀时期，要求迅速取得成果的压力变得越来越大。从通胀时期本身的特征来看，它是工业资本和政治资本同时被侵蚀和摧毁的时期。在通胀时期，未来结果的现有价值受极高的通货膨胀折现率的制约，实际上这意味着，一两年以后才能产出的成果无论在经济上还是政治上现在都不具有任何价值。因此，通胀时期不是工业界或政策制定者可以冒险的时期。

在通胀时期，工业界和政府决策者都更看重虽然规模小但肯定会产生即时收益的事情，也就是说，他们更看重大概率事件。而应用真正的科学知识从其本质上来看则是一场豪赌，其回报产生在遥远的未来，因此即便其成功的可能性很大，这种成功仍然是极不确定的。在通胀时期，实业家或政策制定者几乎是被迫开展很多规模较小、相对来说也没那么重要但很快就能得到回报的项目。这些项目本身完全不需要多少科学知识，太多的科学知识反而会对其不利。

税收的影响及投资

更重要的或者至少在较长一段时间内更具有潜在危害的因素，或许是税收。美国在过去 20 年里采用的税收制度对于基础研究及其向科学技术的转化非常不利。更糟糕的是，由于公司所得税和资本利得税的共同作用，短期的、直接的收益更受青睐，这使得对不确定的未来进行长期投资缺乏吸引力和回报。

对研究和创新方面的投资同样不利的是日益加重的监管负担。监管带来的主要不是成本的增加，而是不确定性增强。无论是在环境、安全还是研制新药方面，监管都使得对研究进行投资变得不合理，不仅降低了研究产生可用结果的可能性，而且使研究成为一种不诚实的游戏。

有关税收的法律法规也使工业界从以技术为中心转向了以金融集团为中心。根据美国的税法（许多国家并不存在这种形式的法律），变卖过时的业务、生产线或技术所产生的收益被视为利润，并会据此对企业和投资者征税。因此，企业必须为因旧技术、旧产品线或旧市场的萎缩所释放的现金在新业务中寻找投资机会，而不是清算过时的产品。实际上，这就迫使相关企业联合起来。这一政策使得资源从生产率低和处于下降态势的领域向生产率高和处于增长态势的领域转移越来越困难，它阻碍了创新，而且导致商业重心从技术转移到财务上，寻找正确的金融投资方向日益成为管理的重要内容。

反垄断的偏见

税法带来的持续压力导致了工业界急剧地从以科技为中心向以金融为中心转变，从以长期投资为主向以短期投资为主转变，而反托拉斯法又加剧了这一趋势。在使很多以科技为基础的美国工业企业转变成以财务为基础的企业集团方面，反托拉斯法的作用可能比其他任何单一因素都要大。

如今，在国家层面上显得规模非常大的企业，在世界经济中正在变得微不足道（如果不是太小的话）。在1979年的世界经济中，1938年甚至1958年的"大企业"就算不是微不足道的企业的话，也是很小的企业。然而，我们的反垄断法对企业的规模扩张持反对态度，除非形成企业集团，而企业集团缺乏技术统一的基本核心。这样的企业集团关注的是财务，而不是技术成果。因此，在企业集团中，对长期的科学研究和将科学知识应用于经济生产方面进行投资变得困难。善于建立和经营企业集团的人都是财务导向型的人。过去的业务以统一的技术为基础，并围绕一个过程进行组织，比如制造玻璃，基本上是以技术为导向的，因此它未来的希望寄托在科学研究上。而一家企业集团的业务范围，从锡罐、电子产品到快餐店和服装店，从航空公司、银行到玩具，无所不包，它必然会以财务为导向。科学研究变成了一个"成本中心"，而不是未来财富的创造者。

类似的力量也影响了政府对科学的兴趣和投资。即使是目光最短浅的商人，也必须兼顾短期和长期利益。但政府预算总是短视的，它的眼光无法超越财政年度的范畴，它必须根据短期的和主要是政治上的权宜之计来为资源的分配找理由。这就是为什么在25年前，美国科学界的一些长者和智者警告不要依赖政府的原因之一。事实证明，他们的担心是有充分理由的。一旦科学不再是一种信念，不再受欢迎，不再是政府资金用来做的事情的全部，预算程序带来的压力就会使科学不再是政治家和官僚主义者的优先选择。

也有人对成果不抱幻想。科学界是否高估了自己，工业界和政府是否期待奇迹，这些都无关紧要。企业和政府在仓促投入大量资金进行科学研究时所预期的结果，很少能够实现。当然，科学研究工作与其成果之间的关系，无论其成果是体现在商品和服务方面，还是体现在诸如建设更好的学校或提供更好的医疗保健方面，都远比科学家或政策制定者所想象的更加复杂、难以确定。

由于上述这些压力和发展态势，工业界和政府正在走向所谓的"预算经院主义"。在这种形式下，预算是一个封闭的系统，有它自己完整的逻辑。

尽管企业高管和政府高官都宣称自己对科学研究仍抱有信心，但如今他们谁都没有付诸实践。无论是在商界还是政界，高管或高官的心态和他们的价值观不可避免地从大约60年前索尔斯坦·凡勃伦（Thorstein Veblen）所称的"工艺本能"转变为他所称的"商业精神"——在今天，恰当的术语应该叫"预算精神"。这是一种从关注创造可以带来财富的资源向关注即时回报的转变，也是成本效益从强调"效益"向强调"成本"的转变。如今这一趋势在政府中比在商业中更受推崇。

关系的疏远

现在让我们来看看是什么改变了美国关于科学研究的情绪、心态和价值观。这些变化本身（或者至少是这些变化的根本原因）可以追溯到更早的时期。在那段时期，科学界与来自工业界与政府的资助者和顾客之间的关系似乎是最密切、最和谐、最富有成效的。

在美国，科学界最先对这种互利共存的传统关系感到不安。或许，科学界一直以来都是这样，但直到二战后政府开始成为科学界更富有、更慷慨的资助人时，科学界才发现替代方案。工业界最多花费数十万美元，雇用十几名科学家，而政府却花费了数十亿美元，并且越来越多的政府机构似乎对高薪的科学方面的专业人士有着永无止境的需求。

更有吸引力的是，政府越来越多地让科学家们能够靠着来自华盛顿的收入在学术界生存，其中包括许多尚处于科学生涯初期的年轻科学家，他们是世界上最优秀的人才。难怪"筹集资助款"很快就成为一门最受重视和最有成就的"人文科学"。工业界在为科学研究提供支持时，总是期望得到结果,这种习惯被视为具有"侮辱性"。而政府则愿意为了科学探索本身而支持科学家,至少看起来是这样。事实上,在20世纪60年代早期的繁荣时期,任何一个提出诸如接受资助的科学家要为其绩效和成果负责任之类的令人讨厌的问题的人,都有可能被贴上"反知识分子"的标签。任何一个怀疑政府是否会继续支持科学研究的人,都有可能被当作"老顽固"而不予理会,更不用说那些怀疑政府的意图是否真正高尚的人了。

这种情况导致的结果是,科学界习惯了大量的公共资金投入,作为回报,它不得不接受那些衡量其成就和绩效的政治标准而非经济标准,而主要的标准是那些支持主要科学事业的计划能否卖给政府的决策者,对知识的各种追求是否符合这个或那个小集团或派系的意识形态和流行风尚。因此,美国科学界开始认为经济应用和经济效益问题是无关紧要的、令人厌烦的,甚至有损尊严,也是可以理解的。但很少有人提出这样一个问题:作为衡量科学成就的标准,政治上的支持和赞扬是否不是无关紧要的,而且甚至会比以经济效益为标准造成更大的损害。

但我认为,在科学界与工业界之间的关系逐渐疏远的过程中,更重要的因素是,在过去的25年里,研究生院的工作开始集中在对博士的培养上,这些博士将有资格在高等教育机构从事教学工作。在二战之前,大学关于科学的教育主要集中在本科生身上,也就是那些将来不太可能以科学为职业的学生身上。研究生院的教育重点主要是让将来在外面的实验室里从事研究工作的科学家们做好准备。他们会在工业领域的相关机构工作,或者在对科学研究的需求相对较低的政府部门工作。最好的毕业生是那些在工业领域找到好工作的人,而其他领域给研究生毕业的科学家提供的工作机会很少。

20世纪50年代中期的"教育大爆炸"必然意味着教育的重点将转向基础理论，这是大学本科教师所讲授的。这也意味着，这样的教育必然会失去与工业界的密切联系。最聪明的大学毕业生将不再进入工业界，然而正是主要通过这些毕业生，大学里的科学家才得以与科学之外的世界保持联系。事实上，一位杰出科学家培养出来的最优秀的学生甚至不会参与本科教学，而是会直接参与研究生级别的教学和研究。教育的爆炸式发展使学者成为生产者，成为培养大量毕业生的实业家。研究生教育变成了一个增长型产业，而大学则在很大程度上变成了一个封闭的系统，为了自己的存续而储备人才。

这也改变了科学研究的意义。如今科学研究变成了可以让个人获得某项特定工作、得到晋升或终身职位的东西。它成了一张入场券。当一项工作成为一张入场券时，它就会变得越来越形式化。它会越来越关注满足需求，而不是产出成果。

15年前，只有那些"老顽固"才敢指出，研究生院的招生（尤其是为研究生院教学做准备的招生）不会也不可能无限扩大。不断扩张的大学使得学术研究成了一个"增长型产业"，在1960～1961年的生育低谷出现很久之后（实际上，是在它明显变得不可逆转很久之后），研究生院（特别是那些与科学相关的研究生院）仍在继续紧锣密鼓地培养更多的毕业生，以满足学术产业大量的用人需求。当大学停止扩张时，可想而知，这些毕业生会多么失望。他们并不责怪大学，虽然是大学引导他们走上这条路，并且给了他们太多无法兑现的承诺。他们不接受婴儿潮和生育低谷的事实，他们倾向于指责外部世界，也就是工业界和政府。

在旁观者看来，这些事态的发展或许可以解释看起来最根本性的转变，也就是在如何定义"知识"方面发生的转变——如今知识被认为是"没有效用且不太可能被应用的任何东西"。这种观点与任何关乎社会或经济的哲学都是不相容的。更糟糕的是,它可能比传统学者的精英主义更精英主义。它认为科学主要是为了学术而存在。

总的来说,美国科学家仍然把弗朗西斯·培根奉为自己的守护神。但对于旁观者来说,特别是对受雇于政府或工业界而不是大学本身的旁观者来说,美国科学界有些时候似乎正在迅速转向它自己的新经院哲学和封闭系统。和任何经院哲学一样,这种新经院哲学怀疑经验(尽管它强调实验),倾向于拒绝效用、应用、技术和任何形式的回报。在旁观者看来,美国科学界的思维方式和价值观正变得与应用、效用和产出格格不入,甚至不相容。

现实的危险

在过去的10~15年,美国的科学界和工业界从相互尊重和互利互惠的相互依赖转向对立和疏远,这首先会为美国工业带来危险。最大的危险是,我在上文所提到的"预算精神"将削弱创新和变革的能力。

我们对科学知识和技术之间的实际关系知之甚少,但我们知道科学的确为我们带来了新的视野和能力。如果科学使政府和商界决策者本已增强的分析能力变得缺乏远见、缺乏创新意愿并且缺乏实施变革的能力,那将会非常糟糕。在我们面临的新时期里,变革的能力至关重要。20世纪的科学发展对我们的视野养成、技术进步和生活方式的影响刚刚开始显现。

然而,如果科学界和工业界双方走向对抗和疏远,这种情况带来的危险对科学界来说甚至比对工业界更大。购买应用型的科学成果是可能的，甚至是相当容易的。就其本质而言，科学有其公共性。应用型的技术，也就是应用型的科学成果，常以预包装的适用的形式提供，并收取合理的费用。苏联和日本这两个完全不同的国家已经证明了这一点。在这两个国家，对科学研究的投资一直很低。在苏联，投资基本集中在几个被认为对国防最重要的特定领域；在日本，主要集中在那些被认为具有学术声望的领域。在这两个国家，应用型的科学成果都可以从外部采购。

换句话说，一个现代化的发达国家不需要科学基础，科学可以被从外部采购或导入。如果美国科学界以"纯粹"为名，因不再依靠工业界和政府决策者而失去了这两者的支持，那么在未来漫长的岁月里，人们也许会发现没有科学这个国家也能生存下去。最终，美国可能付出高昂的代价，但那是很久以后才会发生的事。

因此，从纯粹机会主义的角度来说，美国科学界不能与工业界疏远。显然，科学界已经无法再期望政府继续成为一个比工业界更可靠、要求更少的资助者了。与经济部门相比，政府可能成为一个远非可靠并且更加严格的资助者，它很可能会把政治上的价值观强加于科学界，并且在这一点上远远超过了多元化和分散化的工业部门所能做到的程度，无论是在政治上流行一时的生物医学研究和速成计划方面，还是在要求科学研究关注项目而非知识方面，或者在要求将科学用在选举政客或取悦知识分子方面。

同样，美国的科学界也不能继续被定位在为学院或大学的教学工作培养博士研究生上。在未来很长的一段时间里，学院和大学将会人手充足，特别是在传统的科学研究领域。与此同时，政府能够为受过科学研究训练的人提供的就业岗位已经达到了一个峰值，未来很可能下降而不是上升。

这样做，一方面是因为岗位已经满了，另一方面是因为削减开支计划很可能针对回报周期较长的领域（即雇用大量科学家的领域），而不是那些很快可以见到成效的领域。

因此，在接下来的25年左右的时间里，美国科学界为了帮其毕业生找到工作，将不得不向工业界寻求帮助。像四五十年前一样，期望最有能力的毕业生在工业界找到工作或谋生将再次成为常态。另一种选择，是大幅压缩科学领域的学术机构的工作，尤其是研究生的科研工作，而这些领域的标准和质量将因此有所下降。

哲学议题

科学界与工业界关系的恶化可能只是表象之下世界观深刻变化的一个征兆，而这种变化本身就是一种危险的、令人不安的、痛苦的症状，应该对其加以治疗。

也许最需要的是对科学抱有一种负责任的态度。科学家们不能再对外行期望从科学的努力和研究中得到结果这一难题置之不理。当科学研究是一种非主流活动时，说科学知识就是科学研究本身的成果，并且无法被评价或衡量（就像科学家们经常说的那样），是有道理的。因为在这些争论中，人们可以为微不足道的偶尔享受或无害的自我放纵辩护。我们可能永远无法衡量科学成果，更不用说为取得科学成果制订计划了。但是科学或许应该能够告诉我们该期待和预测什么，以及如何进行判断。科学是无法被测量的，但它或许应该对自己负责。

这种态度上的转变可能不会治愈任何"疾病"，但它将使科学界、工业界和政府更好地、更有成效地发挥作用，而这一举措显然有赖于科学界的努力。我们可能永远无法理解科学、技术和创新之间的复杂关系，无论是在经济、教育方面还是在医疗保健方面。但科学家与这种关系及其所带来的生产力有利害关系，这一点需要被强调，尤其需要被科学家们强调。

不过工业界和政府的决策者也需要改变他们的态度和认识。他们知道轻视研究和需要长期投入的工作是危险的，甚至可能是一种"自杀"行为。把这种认识转化为行动的方法，就是要有计划地抛弃那些过时的、老朽的、不再有生产力的东西。一些企业理解了这一点。这些企业认为每一种产品、每一项技术、每一类工艺总有一天会过时，唯一的问题是它们过时的速度有多快，之后这些企业便尝试评估新技术的数量，特别是那些填补空白所需的新技术的数量，并接受在每三个主要的创新推动力中最多只有一个可能兑现它的承诺这一现实。然而，对于大多数企业来说，这仍然只是嘴上说说而已，如果不是坚决抵制的话。大多数企业，以及几乎所有的政府，似乎都相信昨日会永远持续下去。

科学界与它在经济部门和政府系统的客户之间的传统关系，建立在相互尊重、理解以及对相互依存的深刻认识的基础之上。美国的科学界必须努力恢复这些价值观，尽管现在它们看起来好像"过时"了。

CHAPTER 10 | 第 10 章

为何会劳而无功⊖

I

没有人可以保证公共服务项目的实施一定会有成效，但我们知道如何做能够确保它一定不会有成效。只要公共行政部门犯了以下错误中的两条，就会不可避免地出现劳而无功的结果。事实上，许多公共服务机构犯了以下六种错误中的全部，这不但是绝对不可取的，并且有些过分。

1. 要确保一个项目不会有成效，首先要做的是制定一个"崇高"的目

⊖ 本文首次发表于《公共行政评论》(*Public Administration Review*)，1980 年 3～4 月刊。

标，例如"医疗保健"或"帮助弱势群体"。这样的目标描述应该出现在开场白中，它们解释了为什么要启动一个特定的计划或机构，而不是这个计划或机构要完成什么。㊀ 这样泛泛地描述目标会导致工作无效，因为工作总是具体的、平凡的、有重点的。然而，没有工作就不会有成效。

一个项目要想取得成效，就需要有明确的目标，而且这些目标的实现程度可以被衡量、被评估，或者至少可以被判断。而"医疗保健"甚至都不能算作一个虔诚的意图，它充其量只是一个模糊的口号。即使"为病人提供最好的医疗服务"是英国的国家医疗服务体系中的许多医院的目标，它也不具备可实施性。有意义的、合理的目标应该是这样的："我们的目标是确保任何进入急诊室的病人都能在 3 分钟内得到合格的分诊护士的诊治。"或者是："3 年内，我们的产房将实现'零差错'，也就是说，产房不会出现'意外'，不会出现一例产后发热。"像"提高美国农民的福利"之类的目标适合做竞选活动的口号。新政时期的农村电气化管理局（这可能是美国行政史上最成功的公共服务机构）的第一个目标，即"在未来 3 年内，为至少 25% 的美国农场安装电力设施"，是具体的、可衡量的、可实现的，并且已经实现了。这一目标直接转化成了具体的工作，很快又转化为成果。

2. 第二个保证不会取得成效的策略是尝试同时做几件事。这一做法拒绝为不同的事情设定优先级，并坚持按照已确定的优先级来做事情。精力过于分散，肯定不会产生理想的结果。如果不集中在优先事项上发力，所有精力就都会白白浪费。而且，项目规模越大，分散精力就越会产生不良

㊀ 关于这一点请参见本书第 5 章。

后果。如果确定了优先事项并集中精力，即使是构思拙劣的计划也可能取得成效。

如今，对于林登·约翰逊（Lyndon Johnson）发起的"向贫困宣战"的许多计划的失败，人们普遍归咎于其不可靠的理论基础。但无论是否考虑不周，不少先行的学校都取得了显著的成绩，这些学校无一例外都把一项首要任务摆在了自己面前，比如让孩子们学会认读字母和数字。尽管遭到了华盛顿和各种教条主义者的猛烈抨击，这些学校都没有放弃自己的优先事项。

一个更令人印象深刻的例子，是20世纪30年代的田纳西流域管理局。尽管遭到了强烈的反对，建立田纳西流域管理局的法案还是在国会通过了，因为法案的资助者承诺给十几个不同的、相互对立的支持者群体带来诸多不同的，甚至是不相容的好处，包括廉价电力、廉价化肥、防洪、灌溉、航运、社区发展等。田纳西流域管理局的第一位管理者亚瑟·摩根（Arthur Morgan）是一位伟大的工程师，他试图兑现这些承诺，并满足每一个支持者群体。但这样做的唯一结果是官僚主义盛行和开支不可控制地增加，并且完全没有取得任何成效。事实上，田纳西流域管理局早期的情况与我们目前在华盛顿攻击的那些"混乱"完全不一样。之后，罗斯福总统撤掉了摩根，让名不见经传的年轻的威斯康星州公共事业律师戴维·利连索尔（David Lilienthal）接任。利连索尔不顾所有赞成法案通过的人的建议，立即宣布了他的首要任务：发电。在一年之内，田纳西流域管理局取得了成效。顺便说一句，利连索尔没有遭到反对，而是被普遍称赞为"救星"。

3. 公共行政部门的官员所犯的第三种错误是相信"胖就是美"。事实上，超重会使人行动不便，而严重的超重则会使人完全动弹不得。

我们今天听到很多关于"砸钱解决问题"的谬论。但这并不是我们一直在做的事情，我们一直都在通过投入人力来解决问题（越南战争也许是最糟糕的例子）。员工太多比融资过度更糟糕。如今的行政官员，无论是军队的还是非军队的，都倾向于认为解决问题的最好方法是部署越来越多的人来对付它。但机构太多则会导致在后勤、人事管理和上传下达方面的困难增大。"发胖"会增加重量，但不一定增加能力。解决问题需要方向、决策和战略，而不是人力。人员冗余不仅比人手不足更难纠正，而且它肯定会导致项目缺乏成效。因为人员过多会导致机构把主要精力放在内部，关注管理而不是成果，关注机制而不是目的。它总是导致会议和备忘录本身成为目的，使得事情在忙碌的表象下无法得到实质性的推进。哈罗德·伊克斯是罗斯福时期的内政部长，也是新政时期最有成就的行政官员之一，他总是问："实现目标最少需要多少人？"而在华盛顿或各州政府，已经很久没有人问过这样的问题了。

4. 教条主义而非重视实验，这是行政官员所犯的又一个（也是最常见的）错误。"无论你做什么，第一次尝试时都要大规模地去做。否则，你可能得学习如何用不同的方式去做，但愿不要发生这样的事。"在技术或产品创新方面，我们有时会跳过实验阶段，虽然这通常让我们感到遗憾，但至少我们建立了一个模型，并让它通过了风洞测试。在公共服务领域，我们越来越多地从一种"立场"开始，也就是说，从一种完全未经验证的理论开始，然后立即将其应用到国家（如果不是国际）层面。最明目张胆的例子可能是我们在"向贫困宣战"的国家计划中所表现出来的极端学究式的独断专行，这种独断专行完全以推测性的、未经实践的社会科学理论为基础，而且没有任何实验证据做支持。

即使一个项目所基于的理论本身是可靠的，要想成功地对其进行应用，总是需要我们去适应、修正、调整、尝试、权衡。它总是需要在最终承诺完全兑现之前根据现实情况对其进行测试。最重要的是，任何新计划，无论构想得多么好，都会遇到意料之外的"问题"或"成功"。我们需要那些真正理解这一点的人，他们曾参加过较小规模的类似项目，他们知道那些意料之外的"问题"是否要紧，也知道那些意料之外的"成功"究竟是侥幸的结果还是真正的成就。

可以肯定地说，很多新政时期的项目取得成功的主要原因之一，便是它们之前在一些州和城市（比如威斯康星州、纽约州、纽约市）或者在芝加哥的行政改革机构进行过"小规模"实验。而新政时期一些杰出的项目管理者（劳动部的弗朗西丝·帕金斯、内政部的哈罗德·伊克斯、社会保障部的阿瑟·阿尔特迈耶），都是因为这种小规模实验而获得晋升的。而那些最终失败的新政项目，例如公共事业振兴署（WPA），无一例外都是作为一种全面的、全国性的"灵丹妙药"启动的，而不是在州或地方政府的小规模实验中发展起来的项目。

5. "确保你不会从经验中吸取教训"是导致公共行政部门表现不佳的又一个致命的错误。"不要提前想清楚你期望什么，也不要就所得到的结果进行反馈，不要从中找出你能做好什么，以及弄清楚你的局限性、弱点和盲点是什么。"

每个组织，就如同每个个体一样，在某些方面可以做得很好，这些方面的成果"唾手可得"。但是每个组织,也和每个个体一样,容易犯一些典型的错误,它们自身有典型的局限性和盲点。除非一个组织能够就它所期望的结果进行反馈,否则它不会发现自己在哪些方面做得很好,因此也就无法学会应用自身的优势;另外,它也无法发现自己做得不好的地方,因此也就没有机会去改进和弥补自己的弱点和盲点。举例来说,某些机构通常会过早地期望看到结果,并且过早地认输。参与"向贫困宣战"计划的许多机构就是这么做的。但也有很多组织在很久之后才正视一个项目或政策不成功的事实,比如美国的越南战争政策,无论是对民众而言还是对军人而言,恐怕都是这样。一个人只能通过反馈来学习。我们知道,从结果中得到反馈总是能够提高做出成绩的能力和效率。然而如果没有反馈,局限性、弱点和盲点就会日益占据主导地位。如果不通过反馈从结果中吸取教训,任何组织,就和任何个人一样,必然会降低其执行任务的能力。然而,在大多数公共服务机构,这种结果反馈机制被视为"禁忌"。或者更确切地说,如果结果不符合预期,它们就会被视为无关紧要的。或者,它们会被视为由于客户的迟钝和公众的保守而导致的,或者最糟糕的是,它们会被视为需要"再研究一下"的证据。大多数公共服务机构,包括政府机构和非政府机构,都以预算为重点。但预算衡量的是付出而不是结果。就执行情况而言,在制定预算的同时需要对预期结果进行说明,并系统地通过结果反馈支出情况和努力程度。否则,该机构的努力将越来越无法产生成效,并将成为其局限性、弱点和盲点的囚徒,而不是其自身优势的受益者。

6. 行政官员的最后一个(也是最致命和最常见的)错误是:不能放弃。光凭这一点,就可以保证不会有丝毫成效,而且在极短的时间里就能看到这个结果。

传统的政治理论继承自亚里士多德，它认为政府的任务是以民间团体的本质即注重防御、正义、法律和秩序为基础的，因此是永不过时的。但在现代公共行政机构中，无论是政府还是非政府的公共服务机构（如医院、红十字会、大学或童子军），它们的任务却很少基于上述本质。几乎所有的任务都是人为规定的，而非基于社会的本质，而且大多数都是新近出现的。因此，它们都有一个共同点，即它们很快就会变得毫无意义，因为它们需要解决的问题将不复存在或变得不再紧迫，并且旧的需求会以新的形式出现，从而使得现有的设计、模型、关注点和政策变得过时。例如，1910年最大的环境问题是马匹带来的可怕污染，这在那个年代是一个非常现实的危险，马的恶臭以及固体和液体的排泄物几乎要淹没整座城市。如果那时的我们和现在的我们一样具有环保意识，我们会让自己背上负担，让那些仅仅在10年后就会变得毫无意义的机构承担责任，但可以预见的是，10年后这些机构会加倍努力，然而它们完全看不到自己的目标。但同时，当一个项目尽管付出了所有努力却没有产生结果时，它也有可能变得毫无意义，就像目前的美国福利项目一样。最后也是最危险的是，当一个计划实现了它的目标时，它就会变得毫无意义。我们今天所面对的"福利乱局"，在很大程度上是由于我们在1940年或1941年前后实现了目标后，没有废除罗斯福新政时期的福利计划。这些计划是为了解决有经验的男性一家之主（几乎全是白人）暂时失业所带来的问题。因此，当这些计划用于解决在10年或15年后由没有技能或工作经验的黑人女性从贫困的农村大规模迁移到城市贫民窟所造成的完全不同的问题时，它们糟糕的表现也就不足为奇了。

无论是政府还是非政府的公共服务机构，基本上都被认为将"屹立不倒",这是一个愚蠢的假设。它使得这些机构和它们的计划注定没有成效也没有结果。唯一合理的假设是,所有公共服务项目迟早(通常是很快)会失去其效用,它们当前的组织形式、目标和政策也会过时。一个公共服务项目如果不考虑其自身最终的消亡,就无法履行其职责。在它最初的形式之下,它已无法再产出成果。所有这些目标不是已不再重要,就是已被证明无法实现,或者是已经实现了。事实上,一个公共服务机构越成功,它就会越早放弃自己曾经的目标,如果拒绝放弃,这些目标就会成为这些机构取得成效的绊脚石。"美国出生缺陷基金会"(March of Dimes)就是一个例子,当初组建这家机构的目标是攻克小儿麻痹症,然而当这一目标成功实现之后,它拒绝正视和清算自己的现状,导致围绕这一目标所进行的活动后来成为一种浪费金钱的活动。

因此,想要取得成效和成果的公共服务机构的人员必须在自己的组织内部建立一个循序渐进的放弃过程。他们必须学会每隔几年就问这样一个问题:"如果我们过去没有这样做,那么现在已经意识到了这样做会导致什么问题,我们还要这样做吗?"如果答案是否定的,他们最好不要说"让我们再研究一下"或"让我们申请更高的预算"。他们应该问:"我们怎么才能摆脱这种局面?"或者至少是:"我们怎么才能停止在这件事上投入更多的精力、更多的资源和更多的人力呢?"

II

也许,避免犯下这六种"致命的错误"并不能保证公共服务机构的成效和成果,但做到这一点则是得到成效和成果的先决条件。这些该做和不该做的事情并没有什么深奥的东西。它们是简单的、基本的，也确实是显而易见。然而，正如公共行政部门的每个人都知道的那样，大多数行政人员一直都在犯这些错误中的大部分错误，事实上，在多数时候所有这些人都犯过这些错误。

造成这种现象的原因之一是赤裸裸的"懦弱"。讲清楚可实现的、具体的、可衡量的目标是"有风险的"，至少普遍的看法是这样的。同时它单调乏味、平淡无奇，可能会让支持者或捐赠者们"失去兴趣"。"世界上最好的医疗护理"听起来比"确保任何一个进入急诊室的病人都能在3分钟内得到合格的分诊护士的诊治"更"性感"。而为目标设定优先级似乎更危险，这可能会激怒那些并不真正关心电力或肥料，但想要保护小蜗牛鱼或带有斑点的马先蒿的人。当然，你也不能对官僚机构进行排名，除非你花10亿美元雇用了一大批职员。

或许如此，但经验无法证明这些普遍看法是正确的。在面对确定目标、设置优先事项并集中资源的公共服务机构的人员中，那些愿意问"要实现我们的目标，最少需要多少人"的人也许并不总是受欢迎。但他们是受人尊敬的，而且他们几乎不会有任何麻烦。在他们的政治生涯中，他们可能不会像那些把声望看得比业绩重要的人那样走得那么远，但最终他们才是会被我们记住的人。

Ⅲ

然而，对于今天有如此多的公共行政部门倾向于实施只会导致成效不佳的政策而言，或许比怯懦更重要的解释是，公共行政理论对成效缺乏关注。

从南北战争到1960年左右的一个世纪里，美国公共服务机构和项目的成效被认为是理所当然的。当时确实如此，因为早期的行政官员碰巧知道不要去犯我在上文阐述的那些"致命错误"。因此，公共行政管理这门学科（顺便说一下，这是美国特有的学科）认为没有理由去关心成效。在当时，这不是问题。它关注的是政治进程，也就是项目是如何形成的，谁在其中得到什么，何时和如何得到。哈罗德·拉斯韦尔（Harold Lasswell）在1936年出版的关于政治的经典著作中巧妙地总结了美国公共行政领域对传统政治理论的挑战。公共行政管理关注的另一个方面关乎程序，也就是上一代人所称的"对政府事务的有序推进"。这种关注是必要的，美国几乎没有甚至完全没有关于突然启动大型公共服务项目的行政传统和经验。这类项目，第一次出现在一战期间，然后出现在罗斯福新政期间，最后出现在二战期间。我们需要在我们现在所说的"管理"的所有阶段进行工作，包括人事、预算、统筹等。但上述这两项关注点都聚焦于内部。现在我们必须努力做好系统性工作，加强公共服务机构建设，使其卓有成效。

自1960年以来，也就是说，在过去的20年里，缺乏成效越来越被视为理所当然。"伟大的"计划仍在被提出，仍在就其进行辩论，在某些情况下，甚至仍在实施。但很少有人期待它们产生结果。我们现在真正"期待"的，无论是华盛顿的新教育部，还是鼓吹"小即美"的新州长对州政府的重组，都是更多的支出、更大的预算以及更低效的官僚机构。

公共服务机构的不良成效很可能只是一种症状，其原因可能更能揭示本质问题，那就是：这是一场危机，一场将其基础和假设建立在现代最值得骄傲的成就即国家政府之上的危机。

但毫无疑问,公共服务机构缺乏成效本身就是导致政府弊病的一个因素,而且是一个相当大的因素。避免公共行政管理的"致命错误"可能也只能为现代政府带来症状上的缓解,但至少我们知道该怎么做。

第 11 章 | CHAPTER 11

日本成功的背后[一]

"我更害怕日本人，而不是俄罗斯人。"一位年轻的律师最近对我说，他是一家知名律师事务所的合伙人。"可以肯定的是，俄国人想征服世界，但他们的团结是高层强加给他们的，不太可能经受得住挑战。日本人也想征服我们，他们的团结来自内部。他们就像一个超级企业集团。"不过这种看法是神话而不是现实。日本确实学会了如何在世界经济中有效地采取行动，并全国上下能够就其所推行的政策达成共识。但他们的团结并不是由所谓的"日本公司"（Japan Inc.）[二]导致的，也不是由单一的思想和行动导致

[一] 本文首次发表于《哈佛商业评论》（*Harvard Business Review*），1981 年 1～2 月刊。
[二] "日本公司"（Japan Inc.）是一种比喻，表示传统的日本有高度集中的、中央化的、强大的现代经济体系，和以出口为导向的经济发展战略。——译者注

的。它的形成原因是一种更有趣也可能更重要的东西，那就是一种旨在利用冲突、多样性及不同意见来产生有效政策和有效行动的政策。

对于任何一个日本人来说，"日本公司"都是一个笑话，而且一点都不好笑。他看到的只有裂痕，而不是那个外国人看到的坚如磐石。他在日常生活和工作中所经历的是紧张、压力和冲突，而不是"和谐"。例如，各大银行和主要工业集团之间的竞争，就算不是残酷的，也是激烈的。几乎每一个日本人每天都会被卷入痛苦的派系内斗（政府各部门之间无休止的"游击战"，政党内部、内阁内部、企业和大学内部的派系斗争和争吵），斗争而不是团结合作，才是日本机构的特点。外国人看到的是政府与商界的密切合作，而日本商人看到的则是政府试图干预和发号施令，双方一直处于"拔河"状态。"当然，"一家大公司的首席执行官评论道，"我们在拉同一根绳子，但我们在向相反的方向拉。"而且政府也不是总能成功地让工业领域内的机构之间相互合作，让它们服从于政府眼中的国家利益。例如，尽管在近20年来不断施加压力，被认为全能的日本通商产业省（MITI）⊖并没有让日本主要的计算机制造商勠力同心，而德国、法国和英国已经做到了这一点。

一个又一个外国人对日本独特而和谐的劳资关系赞不绝口。但是，日本公众对政府所有的国家铁路公司发生的极其常见的、未经批准的罢工大为不满。只有在工会力量极其薄弱的地方，也就是在私营企业，劳资关系才是和谐的。公共部门没有"和谐"的迹象，那里的工会（这是美国留下的遗产）非常强大。的确，日本的劳工领袖们倾向于用略带尖刻的口吻指

⊖ "日本通商产业省"（MITI）在2001年改组为"日本经济产业省"（METI）。——译者注

出，没有工会的西方公司（例如IBM）也有着与"日本公司"完全相同的劳工政策和同样的"和谐"局面。因此日本的情况意味着管理层与工会之间充满敌意，而不是传说中的"和谐"。

然而，尽管"日本公司"可能是神话而不是现实，但日本已经形成了一些政治行为习惯，使得它作为一个国家在经济政策上和国际经济竞争中异常有效。这些习惯中的一项是，全面考虑拟议的政策对日本工业生产率、日本在世界市场上的竞争力，以及日本的收支平衡和贸易的影响。这几乎已经成了日本政策制定者的第二天性，无论是在政府部门、国会还是商界都是如此，大众报纸或大学经济系的分析人士和批评人士也一样。日本的大部分能源、原材料和2/5的食品都依赖进口，他们对这一点的意识很强烈，因此无法像美国的国会议员、政府部门和许多经济学家所习惯做的那样，对外部世界置之不理，或者将其完全排除在他们的视野之外。

日本人不喜欢正式的"生产率影响声明"，对竞争地位和生产率的影响绝不是采纳或拒绝一项政策建议的唯一标准。即使强大的政府机构反对一项会对日本在世界经济中的地位产生有害影响的政策，日本公众和日本工业仍有可能接受它，就像他们在日本汽车工业扩张方面所做的那样。

自1960年或1961年以来，强有力的通商产业省一直坚决反对汽车工业的扩张，这在很大程度上是因为它认为私人汽车是"自我放纵"的产物，是"消费社会"的楔子，这是"清教徒"式的通商产业省所憎恶的。在最初的几年里，人们非常怀疑那些没有经验的日本汽车制造商是否有能力与通用、福特、菲亚特和大众等公司竞争。在过去和现在，日本都非常担心其国内庞大的汽车市场将出现难以抑制的需求，要求日本向外国汽车供应商开放市场，而通商产业省却决心阻止这样做。通商产业省也很真诚地认为，汽车工业的扩张将对日本的贸易平衡、在世界经济中谋求发展的能力以及生产力产生不利的（实际上是有害的）影响。通商产业省的经济学家认为，日本的汽车产业越成功，对日本的影响就越严重。他们指出，汽车产业需要两种原材料：石油和铁矿石，而这恰恰是日本最短缺的。发展汽车产业还需要建设高速公路，这将占用耕地和资本等日本稀缺的资源。通商产业省想要的是用来提升铁路货运能力的大量投资。

不仅是通商产业省，很多"顽固分子"也坚持认为，日本汽车产业的扩张是一个严重的错误。这些人认为，即使日本汽车在北美和西欧的销量创下了纪录，但汽车产业的出口收入也只是日本汽车产业在石油和铁矿石进口方面的外汇成本的一小部分。投资在高速公路上的一小部分资金本可以使日本铁路的货运能力得到提升，而这正是日本所需要并且仍然缺乏的。然而，尽管已经在道路建设上投入了大量资金，但对于建设一个合格的公路系统来说，还远远不够。结果，这些不够完善的道路经常因卡车多而堵塞，造成了日本工业的运输成本高企，并且导致在东京、横滨、名古屋、大阪和福冈等几个已经过度拥挤的港口城市周围，人员和工厂不正常地集中，空气污染也日益严重。

通商产业省在与汽车产业的斗争中失败了，尽管它在经济方面享有超人的声誉。它在一定程度上是被汽车产业打败的，尽管遭到它的反对，汽车产业仍在继续发展。而在很大程度上，它输给了日本人对成为"街头男人"的迷恋。人们想要成为携妻子坐在车里的"街头男人"，尽管成本高，尽管没有地方停车，尽管交通堵塞使每个日本城市的通勤都成为一场噩梦，尽管空气被污染，尽管这些坐在驾驶座上的"街头男人"对这些现象比其他人抱怨得更厉害。

但至少，重点在这儿，汽车对日本生产力、竞争地位和贸易平衡的影响被认真考虑过。即使是最坚决反对通商产业省的汽车公司高管也承认，不管"车轮"在日本消费者和选民中多么受欢迎，通商产业省都有责任确保认真对待汽车带来的这些影响。

对日本在世界经济中竞争地位的影响，只是日本领导人在发布政策或采取行动之前需要仔细考虑和权衡的因素之一。估计他们会以这个问题为出发点："什么对国家有好处？"而不是问："什么对我们、我们的机构、我们的成员和选民有好处？"

没有任何一个国家的利益集团组织得像日本这样好，它有着名目繁多的经济联合会、行业协会、专业协会、贸易团体、特殊利益"俱乐部"、行会和诸如此类的组织。这些团体都明目张胆地公开游说，利用自己的投票权和资本来实现自己的私人目的，其方式足以让坦慕尼协会（Tammany）的老板感到羞愧。然而，如果这些团体想要它的意见被听取或者对决策过程产生影响，那么其思想和评议都必须从国家利益而不是其自身关切出发。人们并不指望这些团体是"无私的"，也不期望它们倡导可能耗费金钱、权力或选票的政策——日本的儒家传统认为自我牺牲是不自然的，但人们期望这些团体能将有利于自身利益的东西纳入国家需求、国家目标、国家愿望和价值观的框架内。有时这也会成为公然的虚伪，比如日本的医生声称，在成功要求几乎完全免税的背后，他们唯一的想法便是关心国家的健康。尽管医生们被要求以"国家利益"为先，他们仍然仅仅在嘴上履行了这一义务。日本工会也没能做到以"国家利益"为先，而是被迫遵循工会主义的逻辑，宣称"对劳工有利的事实际上就是对国家有利的事"，这很可能是日本工会缺乏政治影响力和公众接受度的主要原因，尽管工会的数量令人印象深刻。与之相反，日本商界人士——至少是少数商业领袖——在过去的 100 年里一直奉行国家利益至上的原则。事实上，这个原则首先是由日本最早的现代商业领袖之一、19 世纪的企业家、银行家和商业哲学家涩泽荣一（1840—1931）制定的。这也解释了为什么企业管理者在讨论经济和社会政策时都会受到尊敬，即使是那些其成员占日本总人口 2/5 的强烈反对商业的政党及其候选人也会认真倾听。

要求他们承担思考国家利益所要求的政策的责任，迫使领导层——尤其是企业领导层——尽到领导的职责。这要求他们在国家政策成为重大议题之前，主动制定、提出和倡导国家政策。这种做法迫使领导层决定哪些问题将成为或应该成为重大议题。

在西方，特别是在美国，各"利益群体"（例如经济领域的传统"利益群体"，即商界人士、劳工和农民）都期望从他们自己的关切、需要和愿望出发。这就意味着他们通常无法对整体问题采取行动，而只能对局部问题采取行动；他们只能做出反应而不能去领导；他们只能反对别人提出来的建议。因为无论何时出现被普遍关注的问题，一个群体中总会有人害怕受到伤害，而有的人会完全反对采取任何行动，还有大约 1/3 的人则会拖后腿。当然，在日本的群体内部任何提议也都可能遭到反对。但是在日本，在国家利益得到全面考虑之前，该群体成员的特殊利益和关切（这些正是西方政策审议的起点）将被搁置一旁。在西方，个人和部门的具体利益和关切是核心，而在日本，它们是在政策制定的初始阶段就被考虑的东西。西方的做法往往导致不作为或者"再研究研究"，直到来自外部的某个人提出了一项法律或法规，然后再以"不可接受"为由予以反驳。但这种做法只是防止失败或遏制损害的后卫行动，更糟糕的是，这样做会将决定问题是什么或应该是什么的主动权交给另一方。然而，正如日本人清楚地看到的那样，界定问题是领导人的首要职责。

但日本的做法也意味着商界和社会上的其他领导群体很少会"感到惊讶"。毕竟，预测并定义问题是他们的工作。当然，这并非总能奏效。10年前，日本的官僚机构和商业领袖对环境问题的大暴发完全没有准备，尽管那时美国已经暴发了环境问题，因此有很多警示有迹可循。今天，日本的领导团体（官僚、商界、劳工界和学术界的）倾向于忽视由于女性走上专业岗位和管理岗位所带来的挑战，并且基于已成定局的人口发展态势，这一趋势正日益增强。但就在美国商界、工党、政府和学术界讨论降低强制退休年龄的时候，随着老龄化程度的加剧，美国颁布了推迟退休或完全禁止强制退休的法律（先是加利福尼亚州出台了这样的法律，然后是美国国会），而日本的大企业已经预见到了这个问题。尽管代价高昂，但日本最大的公司在没有任何来自政府、劳工或公众舆论压力的情况下，提高了强制退休年龄，它们的解释是"这是这个国家所需要的"。

只要国家政策可以通过对抗式程序有效形成，并且能够平衡大的、公认的"集团"或"利益群体"（也就是传统经济政策的"三位一体"：商界、劳工界和农民）之间相互冲突的反应，西方的方法就能奏效。但随着所有西方国家政治的分裂，现在小规模的、单一的"极端分子"掌握着决定性的选票和权力平衡，传统的方法显然不再适用。因此，在日本的规则下，领导集团尤其是那些利益集团能够通过对国家利益承担责任，通过提前预见、定义和解决问题，来获得合法性和权威，这种做法可能会更好地服务于一个多元化的社会。

让日本的行为有效的另一个习惯也源于19世纪末期的银行家、企业家和商业哲学家涩泽荣一。这个习惯是：包括企业在内的重要群体的领导者有责任去理解所有其他重要群体的观点、行为、假设、期望和价值观，同样也有责任让他们自己的观点、行为、假设、期望和价值观被了解和理解。这不是西方意义上的"公共关系"。更确切地说，它是非常"私人"的关系，即个人之间的关系。这种关系不是通过演讲、声明、新闻发布会来建立的，而是通过在决策岗位上负责任的人之间的不断互动来建立的。

世界上最大的化学公司杜邦公司的董事长兼首席执行官欧文·夏皮罗最近的言论被美国媒体援引，因为他在一次公开演讲中指出，他现在被迫将 4/5 的时间用于维护"关系"，尤其是维护与国会和华盛顿官僚机构的个别政策制定者的关系，而只能将 1/5 的时间用于管理自己的公司。对于日本企业的首席执行官来说，唯一能让他们感到惊讶的是，夏皮罗先生居然能抽出 1/5 的时间来运营他所领导的公司，而日本大公司的首席执行官则几乎没有任何时间来管理他们的公司。他们所有的时间都花在了"关系"上，而且他们花在公司上的那点时间也都花在了"关系"上而不是"管理"上。他们通过对高层人事任免决策的彻底而仔细的关注、通过细致的财务和公司规划报告来保持对公司的控制。但他们不"管理"，这会留给层级较低的人。高层管理者们的时间用来坐着，啜饮一杯绿茶，同时倾听，问几个问题，然后继续坐着，啜饮一杯绿茶，倾听，再问几个问题。他们与同行业的人坐在一起；他们与供应商和贸易公司的人员、子公司的管理层坐在一起；他们与集团内其他公司的高层坐在一起——例如三菱集团所有公司的总裁每周聚一次的著名的"四小时午餐会"；他们和银行的人坐在一起；他们与各部委的高级官员以及 6 个经济和工业联合会中每个联合会的 6 位委员坐在一起；下班后他们和自己公司的人坐在银座酒吧聚会。他们就这样一直不停地坐着。

在这些会议中，他们不一定讨论生意（包括他们自己的生意）。的确，对于西方人来说，这种对话有时显得毫无意义。对话涉及的范围很广（或者看起来如此），包括经济政策、个人关心的问题、其他人关心的问题、当下热议的话题、对未来的期望和对过去教训的重新评价等。其目的不是"解决"任何问题，而是建立相互之间的理解。然后当出现"问题"时（当然，总会有问题出现，迟早都会有）他们就知道该去哪里寻求解决的办法；他们也会知道其他人及其机构期望什么、能做什么、愿意做什么，以及不能做什么、不愿意做什么。当危机或机遇来临时，这些"坐着不动的人"会突然以惊人的速度果断行动起来，并且当危机来临时，其他人也会准备支持他们，或者如果这些人认为有必要的话，同样也会去反对他们。这样坐着的目的，原不是要彼此喜欢、彼此认同，也不是为了彼此信任，而是为了相互了解和理解。最重要的是，要知道和理解一个人在哪些方面不喜欢、不认同或不信任另一个人，以及为什么会这样。最后，日本人行为的有效性基于他们的认知，他们认识到共同生活的基础不能建立在敌对关系上，而必须建立在共同利益和相互信任上。

从历史上来看，日本的敌对关系比西方更激烈，斗争形式更暴力，宽容和同情也更少。广受欢迎的电影《幕府将军》并没有夸大日本历史上的暴力，但它可能使其他方面浪漫化了。《圣经》所说的"爱你的敌人"和向打你的人"转过另一边脸"在日本的任何信条中都找不到。在日本这个台风、火山和地震频发的国家，自然灾害十分凶猛。事实上，在日本的传统中，关系被视为敌对的，或者至少在表面上如此。例如当一个画家或其他类型的艺术家与他的老师分开并形成自己的风格或创建新流派时，西方人认为双方没有必要不和或互相指责，但在日本却不是如此。如今，离婚在日本已成为一种普遍现象，其比例已接近日本流行病的患病比例或者美国加利福尼亚州的离婚率，尤其是在年轻的、受过教育的夫妇中。"友好"离婚显然被认为是不恰当的，它必须使双方看起来处于对抗状态，即使夫妻双方在相当好的条件下同意分手。

但在所有这些情况之下，关系都永久地消失了。在个人或团体生活在一起的地方，日本人确保相互之间关系的核心是共同的利益和关切，更不用说在他们必须一起工作的地方了。可能会有冲突、分歧甚至战斗，但冲突、分歧和战斗仍然可以被限制和包含在一种积极的联系中。

日本汽车公司不愿在美国建厂的一个主要原因（尽管很少有人这样说），是它们对美国汽车工业管理层与工会之间关系的困惑。他们根本无法理解。一名宣称自己是"左派"并且有强烈的亲工会倾向的年轻丰田工程师说："我们日本的工会反对管理层，而你们美国的工会却在和公司抗争。他们怎么能不明白任何对公司员工有益的东西都必须对公司有益呢？这对我们每个日本人来说都是理所当然的，在不认同这一点的地方，日本人做不了经理，也没有一个日本人能在这种地方做员工和下属。"

你不必与竞争对手一起生活和工作，因此在同一领域的不同公司和不同集团之间的竞争往往残酷无情，例如在索尼和松下之间、三井银行和富士银行之间。但无论何时，只要必须继续与对手保持关系，双方就必须找到共同点。那么，首先出现的问题——事实上，这也是所有没完没了的会议和不同集团领导人之间的会晤主要致力于解决的问题——是："我们有什么共同利益？"或者是："我们在哪些问题上意见一致？"或者是："我们一起做些什么来帮助我们双方实现各自的目标？"之后，要非常谨慎，以避免破坏团结或损害共同目标。

大家还需要非常小心,以确保在与自己生活和工作在一起的某些团体或利益群体面前没有取得"最终胜利"。因为赢得战争就意味着失去和平。因此,每当日本的不同团体或不同利益群体必须共存时,大家更关心的是使它们的冲突能产生互惠互利的效果,而不是取胜。不过当人们所在的团体并不需要与对手共存时,对手就可以(实际上也应该)被摧毁,同一团体中的人就会去全力争取彻底的胜利,或者无条件地向对手投降。

上述这些都是规则。就像所有诸如此类的规则一样,它们是理想化和规范性的,并不总是能描述每个人的行为。每个日本人都能举出几十个违反这些规则或无视这些规则而且不受惩罚的案例。也不一定所有人都认为这些规则是正确的。一些日本最成功的企业家和商业缔造者(例如本田、松下或索尼)对其中一部分规则并没有表现出足够的尊重。例如,这些成功的领导者作为高层管理者并不会花大量时间去关注外部关系,他们也不太关心自己是否会被俱乐部接纳。他们并不一定同意将国家利益置于个人思想和政策之上是企业领袖的责任,而且他们有时甚至很愿意为他们仍然不得不与之生活和工作在一起的对手带来毁灭性的痛击。

日本国内也对其中的一些规则提出了诸多批评,尤其是在商界,并且大家严重怀疑这些规则是否仍然符合日本的需要。例如,在经济、市场和技术迅速变化的情况下,高层管理人员是否要把全部时间都花在处理外部关系上,这样做会不会失去与企业现实的联系?而很多人抱怨说,他们担心与其他集团寻找共同利益——尤其是企业与政府寻找共同利益——会导致懦弱的绥靖政策,助长官僚主义的傲慢。

换句话说，这些规则与所有其他此类规则相似，它们都有弱点、局限性和不足——它们不是普遍适用且没有例外的。但它们肯定也有其独特的优势和有效性。那么，它们的本质是什么？它们成功的秘诀又是什么？

无论是在日本还是在西方，关于这些问题最普遍的答案是，这些规则代表了日本独特的传统和价值观。但这肯定不是全部答案，而且在很大程度上是错误答案。当然，社会和政治行为的规则是文化的一部分，必须适应它，或至少能接受。日本人处理他们的政策、规则和关系的方式，是非常日本化的。但这些规则本身所代表的只是一种而不是全部的日本传统。它们代表了日本在迥然不同但同样传统的替代方案之间做出的选择，而非历史的延续。此外，有些规则并不根植于日本传统。日本工业的和谐通常归因于历史和传统价值观。但纵观日本历史，上下级关系的唯一历史传统是暴力和公开战争。直到20世纪20年代，也就是在现代日本工业的形成阶段，日本拥有世界上最糟糕、最具破坏性和最暴力的劳资关系，并且比任何工业国家都要严重。在1867年明治维新时期之前（即现代日本诞生之前）的150年里，"老板"和"工人"之间的关系——作为"老板"的领主、武士，与作为"工人"的农民之间的关系——意味着每年至少发生一次血腥的农民起义，这段时期发生过200多次农民起义，每次都被血腥镇压。"暗杀统治"⊖ 而不是建立关系或寻找共同利益，仍然是20世纪30年代不同团体之间关系的准则。日本的学生暴力和恐怖主义都起源于20世纪60年代的日本，并表现得最为极端，这并非完全巧合。这两者就和试图在对手之间找到共同点一样，肯定都是日本的"传统"，甚至更

⊖ 指政治暗杀和日本政治生活中的极端爱国主义团体的恐怖主义行为，可参见休·拜阿斯（Hugh Byas）所著的《暗杀统治》（*Government by Assassination*）一书。——译者注

"传统"。

此外，这些规则并不是演化来的。它们在最初提出时遭到了强烈反对，在很长一段时间内也被认为是不切实际的。日本商业史上最伟大的人物不是为当今日本社会制定了最重要行为准则的涩泽荣一，而是三菱集团的创始人和缔造者岩崎弥太郎（1834—1885），他对于19世纪的日本来说，相当于 J. P. 摩根、安德鲁·卡耐基和老约翰·洛克菲勒之于美国的总和。岩崎拒绝了涩泽荣一制定的规则——无论是要求企业领导人在国家利益方面承担责任并采取主动，还是要求企业建立并培养与国家的关系，尤其是寻找与对手的共同点并将冲突嵌入共同利益和团结的纽带中。涩泽荣一非常受人尊敬，但他的学说对"实干家们"几乎没有影响，他们对岩崎的商业成功则印象深刻得多。

尽管这些规则源于日本传统，但直到二战后它们才被接受和认可。当一个战败的、遭受了羞辱的、几乎毁灭的日本开始痛苦地重建时，人们不禁要问："对于一个复杂的现代社会，一个根植于竞争激烈的世界经济并依赖它的社会，什么样的规则才是正确的？"直到那时，涩泽荣一提前60年给出的答案才被认为是正确和息息相关的。

这种情况发生的原因和方式远远超出了本文的范围，作者几乎没有资格回答这个问题。没有一个领导人，没有一个伟大的人物，能把日本推上一条新的道路。事实上，历史学家将忙于解释20世纪50年代日本发生的事情，就像他们忙于解释80多年前在明治时期发生的事情一样。当时，同样感到羞辱和震惊的日本将自身组织成为一个现代国家，但在其文化的深处仍然保留着日本的特色。人们或许可以推测，彻底失败所带来的震惊和被外国军队占领的耻辱（以前从来没有外国士兵登陆过日本领土）使日本人愿意尝试以前从未尝试过的事情，尽管日本历史上的强大势力曾敦促和鼓吹过这些事情。例如，在工业领域的劳资关系方面，我们知道没有单一的领导者来推动此事。然而日本工人（其中许多人无家可归，许多人是战败的退伍军人，许多人没有工作）对找到"家"和"社区"的强烈需求无疑是一个重要因素，同样重要的还有工人对管理层施加的巨大压力，以保护他们免受美国占领军及其"自由派"劳工专家的压力，避免他们被强制加入左翼工会进而成为一股"革命"力量。日本工人在20世纪40年代末和50年代初的保守主义，以及日本工人在情感和经济方面的需求，以及他们因家庭关系在某些情况下被切断而产生的对安全感的需求，无疑在日本随后所选择的道路上发挥了巨大的作用。不过为什么日本的管理层能够以一种有效的方式来应对这些需求，目前还无从知晓。

事实上，日本的"规则"也可以用纯粹的"西方"教义和传统来解释。商业领袖，尤其是大型企业的领袖，需要为国家利益积极负责，主动行动，他们的出发点必须是对国家有利而不是对商业有利。例如在1900年左右，德国的沃尔特·拉瑟瑙和美国的马克·汉纳等日本之外的商界领袖便在西方宣扬这一点。第一位现代政治方面的思想家尼科洛·马基雅维利在1530年左右首次提出，不能被消灭的敌人必须将其变成朋友，而且永远不能被其打败和羞辱。日本将冲突嵌入统一的核心观点也来自马基雅维利，来自马基雅维利的《论李维》，而不是其《君主论》。约400年后，在20世纪20年代，最正统的波士顿人玛丽·帕克·福列特再次得出结论：必须将冲突嵌入共同目标和共同愿景的核心之中，从而使其具有建设性。所有这些西方人——拉瑟瑙和汉纳、马基雅维利和福列特——都在问同样的问题：一个复杂的现代社会，一个多元的相互依赖的社会，一个快速变化的社会，怎样才能被有效地治理？它如何能使在其中产生的紧张和冲突具有建设性？它如何能使行动在多样化的利益、价值和制度中得到统一的发展？又如马基雅维利所问，它如何能在被众多相互竞争的力量的包围中与对这些力量的依赖中获得凝聚力？

为什么西方（尤其是美国）拒绝了这一传统，而日本却接受了它？这个问题的范围再次大大超出了本文的范畴及其作者的专业知识。但有人可能会猜测，这与大萧条及其带来的创伤有关。因为在此之前，确实有一些领袖认同这些价值观。无论是美国的赫伯特·胡佛（Herbert Hoover），还是民主德国的最后一任总理海因里希·布鲁宁（Heinrich Bruening），都代表了一种传统，即认为所有群体的共同利益是国家和社会团结的催化剂。正是他们在"大萧条"中的失败（例如富兰克林·罗斯福的新政）带来了对"力量制衡"的信念。在一种敌对的关系中，这种做法因为不会太过冒犯任何一个群体，所以成了所有人都能接受的折中方案，从而使他们在最小公约数上团结起来。可以肯定的是，西方经济学的胜利，尤其是美国经济学的胜利，以及经济学家对国家政府的神圣化——认为政府无所不能、无所不知，几乎不管外界发生什么，政府都能控制国家经济并取得胜利——在一定程度上使我们忘记了美国政治的古老格言："政治（和经济争端）止于水边"○。但这也只是猜测。

事实上，日本成功背后的"秘密"并不是神秘的"日本公司"，这种解释只会存在于一部品质较差的好莱坞 B 级电影里。也许"日本公司"甚至不是日本一直在现实世界中践行的行为价值观。日本成功的原因或许在于，

○ 英文为"Politics stops at the water's edge"，美国政治格言，指党派在对外事务上应保持团结，以统一战线面对其他国家。——译者注

迄今为止在主要的工业国家中，日本提出了正确的问题：在一个复杂的现代社会里，在一个多元化的、大型组织必须在竞争和对抗中共存的社会里，在一个根植于并依赖有着激烈竞争和迅速变化的世界的社会里，应该制定什么样的规则？

第 12 章 | CHAPTER 12

透过日本艺术看日本[一]

众所周知，日本是一个规则严格、个人意志服从集体意志的国家。在这个国家，年轻的大学生会去登山，然后在毕业时却会把靴子和行李交给弟弟或妹妹；在这个国家，学生在上大学时是激进分子，但在被三菱银行或财政部聘用后，就变成了忠实的保守派；在这个国家，年轻女子直到婚礼那天都穿着一种和服，然后终生都会穿着已婚妇女的和服。

在日本，初中毕业生成为体力劳动者，高中毕业生成为职员，大学毕业生成为经理和专业人士——他们的余生都将受到毕业文凭的束缚。在这

[一] 本文最早作为总结性文章发表在《画笔之歌》（*Song of the Brush，Japanese Paintings from the Sansō Collection*）一书中，该书由约翰·罗森菲尔德和亨利·特鲁伯纳编辑（华盛顿西雅图艺术博物馆，1979 年）。

个国家里，每位雇主对其员工都要做出终身雇用的承诺。正如人们所知的，日本也是一个有着共同义务的国家，言论受社会关系和社会地位的约束。它是一个以"日本公司"面目出现的国家，利益相互冲突的各方为了国家利益这一更大的荣耀而团结在一起。中根千枝（Chie Nakane）所著的《日本社会》○是关于日本社会组织和制度的最著名的也是最好的著作，它描述了以家族或部落的形式组织起来的社区这一现实。在这个现实中，个人以集体的成员而不是个人的身份存在。每当日本和西方（尤其是美国）的学者在任何学科、课题上"相遇"时，日本学者都会立刻将日本的合作与西方的过度竞争和泛滥的多样性进行对比。

然而日本艺术最普遍的特点是它的个人主义。在西方艺术活动的每一个主要时期，都会有一种盛行的风格，比如我们所说的希腊风格、罗马风格、哥特式风格、文艺复兴风格和巴洛克风格。但在日本，每一个时期的伟大艺术活动都具有多样性的特点。的确，在艺术领域尤其是绘画方面，西方的一致性与日本"过度的多样性"之间形成了实实在在的对比。在江户时代（1603—1867），日本艺术的多元化倾向达到了顶峰。仅在绘画方面，就有十几个主要流派蓬勃发展，还有数不清的派别分支。在其他文化中，没有什么可以与前现代日本最后一个伟大艺术时代的绚丽多彩相媲美。

日本的学者和专家痛斥美国的过度竞争，并将其与日本的合作进行对比。他们想到了市场上企业之间的竞争或公司管理集团内部有关晋升的竞争，但他们似乎从来没有考虑过日本学校里的竞争。

至于说到"日本公司"，在西方没有任何商业上的竞争和较量可与日本

○ 伯克利：加州大学出版社，1970年。

主要工业集团（财阀）之间残酷无情的明争暗斗相比。如果三菱进入一个新的领域，无论是合成纤维、电子产品还是造船业，三井和住友也必须进入这一领域，即便这些领域在全球范围内已经产能过剩了。日本的政党也不是纪律严明的庞然大物，它们是由激烈竞争的派系松散地聚集而成的。

日本人可能是世界上最好的动物画家。在西方，很少有动物画家能像罗莎·邦赫（Rosa Bonheur）或乔治·斯塔布斯（George Stubbs）一样达到专家的造诣。而在日本，几乎每个画家都画动物。日本人从中国人那里继承了一些动物绘画的传统，比如花鸟画。不过日本绘画中的大多数动物，尤其是鸟类，表达的纯粹是日本本土的价值观、传统和认知。

在我所知道的事物中，没有什么能像这些鸟类绘画一样表达出日本人的一个基本特征：尽情享受的能力。这和人们在日本野餐或在夏夜的空地上跳简单的民族舞蹈时的感受是一样的。正是这种能力，使得自负的公司总裁和严肃的专业学者能够在聚会上玩最滑稽好笑的儿童游戏，而不会感到尴尬或陷入沉默。在周日的公园里，从年轻的日本父亲与孩子们嬉戏玩耍中也可以看到这种纯粹的享受。它具有"刹那"的瞬时性。这种瞬时性常体现在最精致的日本艺术作品或小说中，它也是俳句的精髓所在。传统的日本动物绘画，尤其是鸟类绘画，看起来总是简单得可笑，只有寥寥数笔。然而，这些画作却是在对笔墨和构图有着彻底控制的情况下完成的。它们也表达了艺术家的直觉，艺术家们也将自己投射到鸟类和青蛙的精神上。这些日本绘画是多样性和自发性的赞美诗，它们和英国第一位现代诗人、维多利亚时代晚期的杰拉德·曼利·霍普金斯（Gerard Manley Hopkins）曾经唱过的一样："赞美我主让世界五彩斑斓。"

然而，相互之间的合作和义务、雇主对员工的终身雇用承诺、日本工业企业的庞大甚至所谓的"日本公司",都不是神话。日本的核心是一种持续存在的两极分化的状态,一极是紧密包围的、能够提供支持但要求服从规则的社区属性,另一极是竞争性的并且要求自主性的个人主义。

18世纪的日本艺术家是高度个人主义的,尽管他们中的大多数认为自己属于某一个流派,例如南画(Nanga)、琳派(Rimpa)和四条派(Shijō)。不这么做的,比如曾我萧白(Shōhaku)、长泽芦雪(Rosetsu)和伊藤若冲(Jakuchū),在日本会被视为行为古怪的人。如果一位艺术家起初在某个流派中学习,之后超越了该流派并发展出了自己的风格,在日本的社会行为规范下,会出现双方通过暴力的方式分道扬镳的局面,就像歌舞伎戏剧(Kabuki drama)中的冲突场景一样。例如,长泽芦雪与圆山应举(Maruyama Ōkyo)之间据说曾出现过暴力分裂,前者原本是后者的学生,尽管有记录清楚地显示两人实际上曾一直在一起工作,而且圆山应举曾向长泽芦雪传授过自己的秘技。同样在100年前,据说久隅守景(Kusumi Morikage)在形成自己的风格后也被他的老师狩野探幽(Kanō Tanyū)逐出门下,尽管有记录显示这两位艺术家之间有着密切而持续的家庭关系。

即便是在今天,在已经西方化的现代日本,一个年轻人如果保持其独立性并且不参加任何组织,也会被认为不合时宜。举个例子,20多年前,在我第一次到日本演讲时,我的翻译是一位年轻的日本人,他在美国读完研究生后在东京创立了自己的市场咨询公司。我发现他在他的岳父家里很不受欢迎。当我遇到他的岳父(那所我举行演讲的大学里的一位院长)时,我问他对自己的女婿有什么不满。"他才30岁,"他回答说,"而且全靠他自己,这是非常不合适的。没有任何组织支持他,当他陷入困境时也没有老板帮助他。更糟糕的是，他的成功树立了一个危险的榜样。"这个故事的重点是，这位年轻人的岳父在日本被称为"红色院长"，他每周六晚上都在国家电台发表演讲，抨击日本家庭生活中的封建主义残余，以及"组织人"的邪恶。

艺术史（或艺术界的逸事）可能会为上述悖论提供答案，这也是理解日本严格的社区体系与自发性和个人主义之间关系的关键，而后者在很大程度上是日本艺术、生活和社会的特征。酒井抱一（Sakai Hōitsu）是琳派的最后一位大师，1790年左右，他开始师从狩野派的一位画家学习绘画。之后，他成为著名的南画画家钏云泉（Kushiro Unsen）的学生。然后他向日本政治中心江户市的南画大师谷文晁（Tani Bunchō）寻求有关职业发展的建议。谷文晁并没有告诉这位年轻画家继续坚持南画的风格，而是建议他去学习尾形光琳（Ogata Kōrin）的艺术作品，并且建议他成为一名琳派画家。在西方，一位伟大的老师可能会对这样一位极具天赋的年轻人说："找到适合你自己的风格。"谷文晁说的却是："找到适合你自己的流派。"

在归属和服从的压力与对自发性、独立性和个性的强调之间的张力，是日本艺术和日本文化的特点之一，但仅仅是特点之一。《画笔之歌》所收录的作品，包含三幅17世纪著名大师的画作：狩野山乐（Kanō Sanraku）的《双鹡鸰图》（*Two Wagtails*），（17世纪早期的）俵屋宗达（Tawaraya Sōtatsu）所作的《稚童花枝图》（*Child Holding a Spray of Flowers*），尾形光琳（Ogata Kōrin）在团扇上所作的《秋竹藤叶图》（*Autumnal Ivy Leaves with Bamboo*）。每一幅作品都是日本人在简约方面的天才的缩影。不过狩野山乐最著名的画作，比如他的花鸟屏风，都是富丽堂皇的，用金、银和其他浮夸的色彩来装饰。俵屋宗达用抒情性强、色彩典雅丰富的作品奠定了重视装饰性的琳派的基础，而之后尾形光琳用丰富的设计感使其臻于完美。因此画册里收录的这三幅作品可以被称为这些画家的"非典型作品"，不过每一幅也都是他们各自的代表作。

同样地，画册中还有一幅 16 世纪早期画家鉴贞[⊖]（Kantei）的山水画，它简化了 15 世纪日本山水画家已经形成的简单朴素的风格，使之变得更加简朴。不过出自同一位大师之手的另外两幅画作则是华丽的、装饰性强的、近乎奢华的。在 19 世纪初，风格最为简朴的新儒家学者渡边华山（Watanabe Kazan）画了一幅繁茂、赏心悦目、色彩斑斓的《荷花游鱼图》（*Lotus Flowers and Swimming Fish*）。

对于西方人来说，这似乎是矛盾的，而对于日本人来说，这只是反映了同一个事物的"两极"。西方人可能认为，艺术家应该被 15 世纪山水画的简朴空旷所吸引，或者被鉴贞的花鸟画和狩野山乐的花鸟屏风五彩斑斓的装饰设计所吸引，但不应该被两者都吸引。然而，对日本人来说，这种矛盾是必要，它表现了一个人内在精神的两极和张力。

任何到过京都的游客都能在相距几英里的地方看到体现这种矛盾的例子：元离宫二条城（Nijō Castle），军事独裁者德川家康在京都的官邸，它是华丽的、愉悦感官的、自我炫耀的；桂离宫（Katsura Villa），作为皇室的避暑别墅，它质朴简约、精致、毫无装饰并且秩序井然。这两者都是在同一时期由同样的统治阶级修建的。还有在京都以北的日光东照宫（Nikkō），即德川家康的陵寝，它极度奢华，即使相对于巴洛克风格来说，它也过于

⊖ 由日文名かんてい转译，室町时期的僧侣、水墨画家，生卒年不详。——译者注

华丽了。但这位住在华丽宫殿里的征夷大将军,一生却极为克制、简朴。对于日本人来说,这两种特征可以并存。这两者之间的张力,体现的不是"对立",而是"两极",有南极就一定会有北极。

这种张力和两极的现象,贯穿了日本文化的方方面面。这体现在官方儒家式的男性至上主义和现实家庭生活之间的紧张关系中:在公开场合,女性是隐形的、卑躬屈膝的,而在现实家庭生活中,女性则掌握着权力,尤其是财权。新任首相可能会在议会中说:"我还没有对此事做出决定,我岳母生病了,我得不到她的指导。"反对党的发言人会点点头,回答说:"请向你的岳母转达我对她早日康复的祝愿。"

在日本父母养育孩子的过程中也能够发现类似的两极现象。孩子们在学龄前被娇生惯养的程度是任何美国人都无法容忍的,然而等到上学,他们却能够在第一天就做到听话和纪律严明。日本语言与生俱来的特点与汉字的本质之间存在着一种鲜明的张力:日本语言的一切都聚焦于人际关系,而汉字则是建立在对物体进行表征的基础上。日本人很早就发明了日语的音节表,据此可以很容易地写出日语的发音。每个日本人从小学阶段就开始学习日语音节和汉字,不过之后字音主要是作为表意文字的辅助。对于日本人来说,日语和汉字之间的张力是至关重要的,无论它会为学习和读写带来多么沉重的负担。

日本有严格的行为规范,它告诉每个日本人在和阿姨、叔叔的老板、堂/表兄的情妇说话时应该使用什么称呼。但在日本,也有对特立独行者的鼓励,他们几乎得到了无限的施展空间。例如仙崖义梵(Sengai),他死于1838年,年近90岁,是最后一位或许也是最伟大的一位"禅画表现主义者"。他是最受尊敬的宗教领袖,一个古老而神圣的寺庙的住持,但他在

85岁高龄时，依然是一个自由自在的人。他周游全国，经常与"下等人"结伴而行，喜欢画具有讽刺意味的青蛙，并且让它们看起来像佛陀、马戏团的骑手和乡村集市上卖气球的小贩。

这种"两极"现象可以在今天的日本工业界及其中的人际关系中找到。对西方人来说，一个组织要么专制要么民主，但是日本的组织却两者兼具。毫无疑问，没有比日本大型机构（无论是政府机构还是商业机构）的领导人更能体现专制个性的例子了。然而，这些机构的决策却是通过共同协商和共同参与做出的，并且决策制定的流程是从基层而不是从高层开始。从古至今，在日本的任何组织中，首领的话都是绝对的法律，首领可以命令其家仆自杀或与他的妻子离婚。然而，如果没有家仆的同意，没有氏族长老的积极参与，任何首领都无法做出决定。今天，日本公司或政府机构的高层都会得到无条件服从，然而其每一个决定却都来自基层，是一种普遍意志的表达。从西方的角度来看，日本组织既是专制的极端体现，又是民主参与的极端体现。

这种张力不是辩证的，无法用"正－反－合"的方法来解决，它不是一种原理压倒另一种原理，也不是中国的阴阳二元论。日本人不把他们的原则混在一起，就像不把北极和南极混在一起一样。因为日本式的张力不是矛盾、对比或冲突，而是分析思维方面的一种张力。它是两极的，是感知的张力、结构的张力和存在的张力。要了解日本艺术和日本人的生活，人们必须接受这种两极现象，它体现在华丽和简朴之间、男权至上与女性权力之间、被宠坏的娇生惯养的孩子和纪律严明的学者之间、日语的动词屈折变化和音节字母与汉字的复杂性的关系之间。这种两极现象对日本而言是至关重要的，而且据我所知，它也仅对日本如此。

正是这种张力和两极现象，使日本在历史上成为一个充满反差、发生过急剧而突然变动的国家，例如日本在 17 世纪时经历过从完全开放地接受外国文化和对外贸易到自我孤立的变化。但是，也正是这种两极现象，给日本的艺术、文学和工业带来了活力和创造力。

一个在日本有业务的西方人（去日本讲课的教授或进行合同谈判的商人）很快就会熟悉"Wareware Nihon-jin"这个短语，它的意思是"我们日本人"。无论日本人在何时使用它（其实每时每刻都在使用），它表达的意思都是："我们日本人如此不同，你永远不会理解我们。"当一位日本朋友、商业伙伴或者听众中站起来提问的学生以"我们日本人"开始谈话时，如果想要更清楚地理解他的意思是什么，我们需要看看日本山水画。不过在山水画中，我们找不到"人"（或者"日本人"）在哪里。然而，正是"人"的缺席或者说"人"从属于土地这一点指出了问题的关键。"Nihon-jin"这个词除了指"日本人"外，它更重要的是指"我们这些属于日本这片土地的人"。山水画是日本艺术的灵魂，因为山水画形成了日本的灵魂。

日本山水画的一些特征来自中国，在许多日本山水画中都能看到的与中国喀斯特石灰岩一样奇特的岩石就是一个例子。不过这些山水画体现的大部分特征都可以在日本找到。事实上，我的一位日本朋友说，伟大的山水画家川合玉堂（Kawai Gyokudō）经常画的山谷就在岐阜县附近。在日本乡村旅行过的人都知道，日本的风景就像日本画家画的风景。但日本的风景看起来一点也不像日本山水画家笔下的风景，也不像地球上的任何风景。日本山水画家笔下的风景是精神和心灵层面的风景。

"我们日本人"这种说法的背后隐藏着一种感觉：日本是独一无二的，

日本是孤立的。这在日本山水画中表现得淋漓尽致。对于无形而独特的精神景观来说，山与树是它的可见的"表象"和外观。其他地方可能也有类似的风景，但对日本人来说，没有任何风景是完全相同的。日本山水画意味着一种内在空间、一种灵魂景观，这是日本人存在的重心。可以说，这种景观就是日本存在的"本体"（an sich）。

我并不是说日本人实际上是独一无二的，我是说日本人觉得他们是这样的。这并不是说他们觉得自己高人一等，民族主义只是在罕见的、短暂的失序时刻才成为日本人的一种恶习。他们感觉与众不同，是因为他们在这种灵魂的风景中能体会到归乡之感。这也许可以解释，为什么在欧美的所有留学生中，除了少数例外，只有日本人迫不及待地想要回家。

现在来看看我所说的"日本美学"或者"拓扑方法"。

日本的任何山水画基本上都可以用来展示日本的美学。15世纪的日本画家刻意追随中国人，18世纪的南画画家也是如此。但是如果让一位中国鉴赏家或中国艺术史学家站在这些画家的作品面前，他会感到不舒服。"是的，这些山看起来像是中国的。这块石头看起来也很像中国的其他画家画的石头。而且这种笔法来自某个流派，这些用笔的技法模仿的也是一些中国画的范例。不过，不过，不过……"如果坦率地说，他的意思是："不过，这些肯定不是中国画。它们使我很不舒服，我不明白为什么，但我不想看到这些画。"

只要把这些作品和中国画放在一起，就能体会到他的感受。我并不是说不能把中国的画和日本的画混为一谈，反之亦然。这两者的技法、笔法、用墨方式都一样，但它们是不同的画。让这两者不同的是日本画的美感。

在一幅日本画中,"留白"占据主导地位,这不仅是说画布上空着的面积很大,而且这些"留白"起到组织整个画面的作用。这与大多数中国人的做法相反,但它是日本美学的基础。这种美学体现在日本各个流派的绘画中,也体现在追随中国的画家和排斥中国的画家的作品中。

如果将这种美学与西方绘画和中国画的美学进行对比,我认为西方绘画基本上是"几何"的。现代西方绘画开始于1425年左右,这并非巧合。当时艺术家对线性透视法有了新发现,认为空间从属于几何。而中国画是"代数"的。在中国画中,比例起着支配作用,就像在中国的伦理中一样。相比之下,日本绘画则是"拓扑"的。拓扑是数学的一个分支,始于1700年左右,它研究曲面和空间的性质,其中形状和线条是由空间定义的,因此直线和曲线(如双曲线)之间没有区别。拓扑学涉及角度、旋涡和边界线,它涉及的是由空间施加的而不是施加给空间的东西。日本画家的美学是拓扑的。他先看到空间,再看到线条,而不是从线条开始。

近100年来,西方艺术评论家和艺术历史学家一直在说,画家看到的不是"物体"而是"布局"。但日本画家看到的格式塔(Gestalt)是我们今天所说的"设计",而非"构造"。这也就是拓扑学家所说的,站在拓扑学的角度来看,是空间决定了线条,而不是线条决定了空间。在讨论日本绘画时,人们通常会提到日本绘画倾向于"装饰性"。18世纪的南画画家憎恶装饰,他们认为这与他们所模仿的中国文人模式的价值观和美学完全不相容。然而,正如所有权威人士告诉我们的那样,它们总是会去装饰。但"装饰性"这个词就和艺术评论中的许多词一样是误导人的,正确的用词应该是"设计感"。这种不可抑制的设计倾向基于日本人的观点,他们的艺术作品既不是透视的(即几何的),也不是比例的(即代数的),而是拓扑化的设计。这一倾向解释了为什么陶瓷、漆器和绘画在日本艺术中往往是紧密结合的，而在中国却在艺术和社会层面对它们有着严格的区分。

15世纪的水墨画家和18世纪的南画画家都把中国画家视为楷模和大师。他们都从中国画中学到了技巧，也学到了绘画的动机、风格和形式。但他们都把绘画从中国式的"代数"转化成了日本式的"拓扑"。这种接受外国文化然后将其"日本化"的能力在日本的历史和经历中是一条持续不断的主线。

公元500年左右，佛教以及中国高度发达和博大精深的文明传入日本。起初，这些影响似乎将日本完全淹没了。僧侣、建筑师、艺术家、工匠、抄写员、诗歌、艺术品和纺织品等，都来自中国或朝鲜。仅仅过了两个世纪，到奈良时期，日本创作的宗教雕塑虽然完全是佛教的，并且技法仍然来自中国和朝鲜，但有了浓厚的日本特色。日本同样改变了中国式的政府和社会结构，使佛教和儒家学说都服务于宗族，不久之后又使它们服务于武士社会。日本改变了以家族土地所有权为基础的中国式土地所有制的概念，使其成为服务于日本的制度体系。在这种体系下，除了寺庙和天皇之外，任何人都不享有土地所有权。他们只对土地的产出（也就是税收和贡品）享有不同等级的权利，而不对土地本身享有所有权。日本的陶瓷、诗歌和建筑也经历了这样的过程。

今天又发生了同样的事情。只不过，现在被"日本化"的外国文化来自西方而不是中国。日本人对外来的形式、技巧和概念的运用非常巧妙。正如15世纪和18世纪的画家所做的那样，日本人迅速提高了自己学到的这些技巧。在对笔法的掌握和驾驭方面，很少有中国画家堪与15世纪的日本山水画家雪舟（Sesshū）媲美。也很少有西方公司能像日本大型贸易公司那样去控制和掌握公司的组织模式和管理技术。不过这些事情的关键在日本人身上。日本人并非没有受到外国的影响，这种影响成了他们自身经历的一部分。然而，他们从外国的影响中提炼出一切有助于维护和加强日本的价值观、信仰、传统、目的和关系的东西，并且提炼的结果不是一个"大杂烩"。就像 15 世纪或 18 世纪的日本绘画所表现的那样，它们被融为一体。这是真正独特的日本特色。

日本社会一次又一次地经历了对外国的影响敞开大门的时期，但随后它又会封闭自己，以近乎炼金术的方式来消化这些外来的东西，使其改变性质和形态。在外国文化中被视为不值钱的东西，在日本有时却会变成黄金。比如 13 世纪的中国画家牧溪或者因陀罗，中国人排斥他们，认为他们的作品"粗糙"且"庸俗"，而这两位却在 14 世纪和 15 世纪成了日本风格最朴素的画家们眼中的楷模和大师。但有时，外国文化中的金属在日本也可能会变成糟粕。比如在这个世纪产生的"民族国家"的理念，它从西方传入，并在日本演变成一种对本国古老而独特的政治形式——幕府将军或军政府——的有害模仿。而在此之前，幕府将军总是旨在消除战争，使战争既无必要又不可能，并且最重要的是防范外国的投机分子。

日本美学是一种理解（或至少是感知）基本-中心元素的方式，即感知日本和外部世界之间特殊（毋宁说是独特）关系的方式。这种关系既建立在接受能力的基础上，也建立在快速学习和改进所学内容的能力的基础上。与此同时，只接受或者至少保留那些让日本更加"日本化"的东西，也就是：符合拓扑而不是几何或代数的东西；符合日本社会人际关系的东西；符合日本独特的内在体验的东西，用西方术语来说叫"日本精神"。

我认为，能否保持这些能力是摆在日本面前的一个大问题。当前日本正在融入外部世界，并且不仅仅是在经济层面（或许经济层面的融入是最微不足道的），这是 6 世纪的日本无法想象的，是佛教和中国文化山呼海啸般涌入时期的日本以及雪舟生活的公元 1500 年左右的日本无法想象的，甚至可能是 100 年前的日本无法想象的。日本是否还有可能将外国的（非日本的）文化的、行为的、伦理的甚至美学的东西都精炼并转化为自己的东西呢？

我甚至都不敢猜测，不过还是有一些蛛丝马迹可寻。如果人们把目光放在今天日本繁荣的视觉艺术上，包括日本的现代木刻版画、电影、现代陶瓷，也许还可以加上建筑，我们可以说，日本仍然有可能再次将引进的文化"日本化"，不管这种可能性有多大。日本木刻版画兼具现代性和本土性，就像奈良雕塑既是"佛教的"也是"日本的"，日本的现代陶瓷在很大程度上也是如此。我只希望日本能再做一次她在历史上已经做过很多次的事情。这个世界需要一种既现代又独特的非西方文化。它需要的是真正的日本，而非日本版的纽约、洛杉矶或法兰克福。

"十分钟，八十年"（Ten minutes and eighty years）。据说 18 世纪禅宗大师白隐慧鹤（Hakuin Ekaku）在被问及画一幅禅宗创始人达摩的画像花了他多长时间时，他给出了这一答案。当然，可能也会给出相同答案的人还有：被问及画一幅晚年自画像花了多长时间的伦勃朗，被问及在《鲁昂大教堂》中画一首"光的赞美诗"花了多长时间的克劳德·莫奈，以及被问及演奏巴赫的《无伴奏大提琴组曲》中的一首曲子用了多长时间的巴勃罗·卡萨尔斯（Pablo Casals）。但白隐禅师的回答有两个超越西方艺术家层面的意义，它表达了一种日本人对人的本质的看法，以及一种日本人对学习的本质的看法。

在日本的人物画和肖像画中，我们可以看到在西方绘画甚至在中国画中都找不到的"精神自画像"。如果西方人说要演绎出伦勃朗晚年时期的自画像，或者莫奈笔下那些纯粹的光和卡萨尔斯演奏的巴赫要花"八十年"的时间，他指的是练就这些技巧需要几十年的时间。但日本人所说的"八十年"，指的是完成精神上的自我实现，成为能够画出达摩的人所需要的时间。禅宗有句老话："每一幅达摩像都是一幅（精神上的）自画像。"没有用几十年时间来完成自我控制的禅宗画家，无法成为描绘达摩形象的人。达摩不是神，也不是圣人，他是人，但他发挥出了人的全部精神潜能，发挥出了人的全部精神力量，并将自己转化为一个精神层面的存在。只有自身成为达摩所代表的精神人物的画家才能画出达摩像，他可以在画像上写下（就像白隐禅师在他的达摩像上所写的那样）："就是这样！"达摩的精神力量和精神品质是无法被伪造的。无论一个画家的技艺多么高超，如果他本人缺乏这些品质，那么他的达摩像也无法对其进行恰当的表达。

17世纪中叶的狩野探幽和比他晚一个世纪的长泽芦雪都是日本绘画领域极其伟大的大师，在绘画技巧上无人能及，他们都画达摩像。狩野探幽的达摩看起来像一个上了年纪的官员或成功的银行家；长泽芦雪的达摩像一个彬彬有礼、机智诙谐的大学研究生部主任。他们的作品都是优秀的画作，但都没有灵性、力量和完全的控制。但就像白隐禅师在耄耋之年所画的达摩一样，在自身具足精神性的画家笔下，即便达摩的身体被晚年的衰老和虚弱压垮，戴着厚厚的眼镜却依然近乎失明，双腿蹒跚，死亡近在咫尺，整幅画像依然具有充沛的生命力。

达摩是一个凡人，他是一个有感情的人。但与基督教或佛教的圣人不同，他不依赖神的恩典，不依赖至高的存在，也不依赖救赎。他通过自己的努力，通过实现他内在的神性，已经在精神上臻于完美。这并不是从"人道主义"的角度来看待人，而是从精神和存在主义的角度。这种角度关注的是智慧而不是知识，依靠的是自我控制而不是力量，专注于实现卓越而不是成功。

禅宗的"十分钟，八十年"也表达了日本独特的关于不断学习的观念。在西方和中国，人们学会为下一份工作、晋升和新的挑战做准备。最极端的例子是中国古代的科举制度，一个人必须抛开第一次考试考过的东西，才能为下一次考试做准备。在西方的现代医学院里，情况也没有太大的不同，最先进的管理课程也是如此。但在禅宗的世界里，一个人之所以学习是为了把他已经做得很好的事情做得更好。一个人不断地去画达摩，直到这种控制能够自发地产生。人们会像17世纪早期的书法家近卫信尹（Konoe Nobutada）一样，每天早上画一幅渡唐天神（学识的守护神）的画像，虽是画同样的画，但技法越来越娴熟。或者像中林竹洞（Nakabayashi Chikutō）在1800年左右时一样，一遍又一遍地描绘相同的风景。当然，西方的艺术家也是这样做的。卡萨尔斯一直练习巴赫的大提琴组曲，直到他90多岁去世。但在西方和中国，只有艺术家才会这样做，其余的人就像儒家学者一样，对他们来说通过一次考试是为了有资格参加下一次考试，获得一次晋升是为了下一次晋升。

直到今天，日本还有一些贸易公司的专家，例如棉花专家或木工机械专家，他们的薪水和职级一直在提升，但终其一生都是相同领域的专家，且一年比一年更有成就。在日本的工厂里有一个持续的学习过程，员工能够凭借资历挣到更多的钱，但仍然做着同样的工作，他们每周开会讨论的是如何能把现在的工作做得更好。日本人有一种独特的观念，认为伟大的工匠或艺术家是"活着的国宝"，他们一直在做同样的工作但能够做到出类拔萃。西方的学习曲线理论在日本是不被接受的。这一理论认为人们所取得的成就在一段时间后会达到一个稳定的平台期，之后就会停留在这个水平上。而日本人的学习曲线让他们通过持续不断的练习突破平台期，再次开始学习和成长，直至到达新的平台期。这个过程循环往复，他们一直在向完美不断靠近。日本人的学习曲线，就像禅宗大师的"十分钟，八十年"一样，把学习看作一种精神上的完善和自我发展的行为，同时也可以通过学习获得技能。它是使人得以改变的一种方式，而不仅仅是获得表现能力的一种方式。

这只是一个方面。和其他国家的历史或社会一样，日本的历史和社会也充满了向上攀爬的人、野心勃勃的阴谋家、功成名就的人和贪得无厌的人。但也有相反的情况——"十分钟，八十年"的持续学习，可以让一个人把已经完成得很好的事情做得更好。

日本或禅宗的学习理念并非没有危险，它可能退化为模仿和重复。狩野派就发生了这样的事。狩野派是日本的"官方"艺术，它从16世纪中期发展到19世纪中期，有近300年的历史。狩野派通过不断的学习、精巧的技艺和对模式严格的遵守，保持了自身的地位。它也因此保留了自己在技艺方面的竞争力。但在1650年之后，狩野派的技艺迅速退化为机械复制。两个多世纪后，当日本在明治维新时期向西方开放时，它仍在机械地复制。尽管禅宗的传统可能退化为机械复制和盲目重复，但它更接近于真正的学习理论，而不是中国和西方的为了进步、晋升或继续进步和晋升而学习的观念。这种理论的重点在于发展一个人的力量，几百年来，它预测到了现代关于人和自我实现的理论。工作是人格的延伸，人格是工作的升华，在这一洞见中确实蕴藏着深刻的智慧。因此，如果画家自身不具备达摩的精神品质，就无法将其描绘出来，而通过几十年日复一日的描摹，画家自己也就成了达摩。

在今天的日本，存在于禅宗的关于人与学问的观念中的洞见与智慧正濒临灭绝。日本的教育体系选择了一种极端的西方和儒家立场，把学习的目的看作为下一次考试、晋升、来自外部的奖励做准备。孩子们从小被训练，要通过入学考试进入好的托儿所，从而进入好的幼儿园，然后进入好的小学，接着进入优秀的高中、大学和公司。在日本，是否还有可能让学习成为像描绘达摩像一样的事情？让人们学会把达摩像画成精神肖像，并在达成目标时大喊"就是这样"？

到目前为止，我一直在用日本绘画来观察日本，现在我要用（或者说"乱用"）日本绘画来看看西方和西方现代艺术。长泽芦雪在18世纪80年代创作了《道成寺钟》(*The Temple Bell at Dōjō-ji*)。这个标题指的是一出著名的歌舞伎剧目，但实际上这幅画本身是抽象和非客观的。然而，这幅画比西方抽象派作品的出现早了一个半世纪。而这幅画绝对不是日本最古老的抽象画，事实上，这样的绘画可以追溯到10世纪的平安时代。京都（也就是现在的东京）的画家谷文晁在1800年后不久创作了一幅《月下梅树》(*Flowering Plum Tree in the Moonlight*)，它展示了半个世纪后特纳或莫奈在西方尝试去做的事情：让光线成为绘画的主体。白隐禅师所绘的《达摩像》是一幅表现主义作品，就像克里姆特（Klimt）、席勒（Schiele）、库宾（Kubin）、马蒂斯（Matisse）的作品，以及毕加索在他的表现主义时期的作品，但他们的作品很少拥有白隐禅师的画作所拥有的力量。西方现代主义艺术因此被日本传统所反对。有一个故事（也许是杜撰的）是在1953年巴黎的一场日本绘画展览上发生的。当时展出的是一位已于1838年去世的日本禅师兼画家仙崖义梵的作品。毕加索被拍摄到怒气冲冲地走出展厅，并大声说这是个骗局，因为如果没有看过毕加索的作品，没人会画出这样的画作。事实上，西方艺术中的现代主义已经被日本的传统艺术预料到了（如果不是被提前展示出来的话）。

然而，西方人从来没有见过日本艺术的原作，甚至没有听说过它们。除了浮世绘这种木版画之外，日本艺术直到最近几年才为西方所知。换句话说，西方在20世纪发展出了日本古老的现代视觉和情感元素。西方已经学会了用和日本人一样的方式看待事物。西方已经从描述和分析转向了设计和布局。

马歇尔·麦克卢汉曾断言，电子媒介已经改变了我们看待世界和解释世界的方式，它们让我们感知而不是想象。不过，如果从对日本艺术的理解出发来看待西方的看法，就会得出这样的结论：这种转变其实开始得更早，而且与电子技术无关。恰恰相反，西方似乎更有可能准备好接受电子技术，因为西方的认知已经从传统的描述和分析转向了日本一直以来所熟知的设计和布局。

著名的现代西方绘画史学家罗伯特·罗森布鲁姆（Robert Rosenblum）在他的新作《现代绘画与北方的浪漫主义传统：从弗里德里希到罗斯科》㊀（*Modern Painting and the Northern Romantic Tradition*：*Friedrich to*

㊀ 纽约：哈珀与罗出版社，1977年。

Rothko）中断言，现代西方绘画起源于北方，主要是北部德国，源于 19 世纪的画家卡斯帕·大卫·弗里德里希（Caspar David Friedrich）和奥托·朗格（Otto Runge），他们的风格从描述转向了设计。但我们可以说，这正是很早以前就出现在日本的：感知而不是概念，设计而不是描述，拓扑而不是几何，结构而不是分析，而且这些从 10 世纪以来的的确确一直都是日本艺术的特征。

美国驻日本前大使、日本历史和社会方面的权威埃德温·赖肖尔（Edwin O. Reischauer）在他的新书《日本人》㊀中写道：日本从来没有产生过一位伟大的或有独创性的一流思想家。这个观点被解读为严厉的批评，尤其是在日本国内。但赖肖尔的观点是，日本的天才是在感知层面的，而不是在概念层面的。

在西方中世纪的鼎盛时期，托马斯·阿奎那的《神学总论》堪称人类历史上最大胆的概念和分析的壮举。11 世纪，日本的"中世纪"最值得骄傲的成就是世界上的第一部小说——紫式部的《源氏物语》，书中描写了宫廷生活中的男女关系，描写了爱情、疾病和死亡。日本最伟大的剧作家近松门左卫门（Chikamatsu Monzaemon）既没有相机也没有银幕，但他的歌舞伎和文乐戏剧极具电影色彩。它们有歌曲、舞蹈、服装和音乐，还有台词。与其说各个角色是由他们的台词来定义的，不如说是由他们的展现形式来定义的。人们很少引用近松门左卫门写的台词，但没有人会忘记他的作品中的场景。近松不是剧作家，而是天才的编剧。在没有电影工具的帮助下，他的歌舞伎剧团发明了电影技巧。例如，将演员定格的 *mie* 就相当于电影

㊀ 马萨诸塞州剑桥市：贝尔纳普出版社，1978 年。

的特写镜头。

在日本传统中，感知能力在很大程度上决定了日本作为一个现代社会和经济体的崛起。它使日本人掌握了外国事物（尤其是西方事物）的本质和基本结构，无论是制度还是产品，然后对其进行重新设计。从日本艺术的角度来看，最重要的一点可能是：日本是感性的。

致　　谢

谨对以下转载许可表达谢意。

《迈向经济新纪元》最早发表于 1980 年秋季发行的《公共利益》。

《拯救华而不实的环保运动》最早发表于 1972 年 1 月的《哈泼斯杂志》。

《商业与技术》来自《劳动、技术与生产力》，朱尔斯·贝克曼主编，纽约大学出版社。纽约大学版权所有（1974）。本文经博布斯 - 美林出版社许可转载。

《跨国公司与发展中国家：神话和现实》首次发表于 1974 年 10 月的《外交季刊》。

《你期望得到什么结果：目标管理使用指南》来自《公共行政评论》，1976 年 1~2 月刊。美国公共行政学会版权所有（1976），华盛顿特区康涅狄格大道 1225 号。本文经许可转载。

《重新认识科学管理》最早发表于 1976 年 6 月的《世界大型企业研究会记录》。世界大型企业研究会版权所有（1976）。本文经许可转载。

《无聊的董事会》来自《沃顿杂志》1976 年秋季第一卷第一期。宾夕法尼亚大学沃顿商学院版权所有（1976）。本文经许可转载。

《当固定年龄强制退休制度被废除之后》来自《商业的未来》,由马克斯·维斯为乔治城大学战略研究中心编辑,1978年。乔治城大学版权所有(1978)。本文经乔治城大学战略与国际研究中心许可转载。

《科学与工业:在对抗中相互依赖》首次发表于1979年5月25日发行的《科学》杂志。

《为何会劳而无功》来自《公共行政评论》,1980年3~4月刊,原文标题为《公共行政的致命罪行》。美国公共行政学会版权所有(1980),华盛顿特区康涅狄格大道1225号。本文经许可转载。

《日本成功的背后》首次发表于1981年1~2月的《哈佛商业评论》,原文标题为《日本公司的神话与现实》。

《透过日本艺术看日本》来自《画笔之歌》,西雅图艺术博物馆大型日本画展,1979年。彼得·德鲁克版权所有(1979)。本文经许可转载。

彼得·德鲁克全集

序号	书名	序号	书名
1	工业人的未来 The Future of Industrial Man	22 ☆	时代变局中的管理者 The Changing World of the Executive
2	公司的概念 Concept of the Corporation	23	最后的完美世界 The Last of All Possible Worlds
3	新社会 The New Society: The Anatomy of Industrial Order	24	行善的诱惑 The Temptation to Do Good
4	管理的实践 The Practice of Management	25	创新与企业家精神 Innovation and Entrepreneurship
5	已经发生的未来 Landmarks of Tomorrow: A Report on the New "Post-Modern" World	26	管理前沿 The Frontiers of Management
6	为成果而管理 Managing for Results	27	管理新现实 The New Realities
7	卓有成效的管理者 The Effective Executive	28	非营利组织的管理 Managing the Non-Profit Organization
8 ☆	不连续的时代 The Age of Discontinuity	29	管理未来 Managing for the Future
9 ☆	面向未来的管理者 Preparing Tomorrow's Business Leaders Today	30 ☆	生态愿景 The Ecological Vision
10 ☆	技术与管理 Technology, Management and Society	31 ☆	知识社会 Post-Capitalist Society
11 ☆	人与商业 Men, Ideas, and Politics	32	巨变时代的管理 Managing in a Time of Great Change
12	管理：使命、责任、实践（实践篇）	33	德鲁克看中国与日本：德鲁克对话"日本商业圣手"中内功 Drucker on Asia
13	管理：使命、责任、实践（使命篇）	34	德鲁克论管理 Peter Drucker on the Profession of Management
14	管理：使命、责任、实践（责任篇）Management: Tasks, Responsibilities, Practices	35	21世纪的管理挑战 Management Challenges for the 21st Century
15	养老金革命 The Pension Fund Revolution	36	德鲁克管理思想精要 The Essential Drucker
16	人与绩效：德鲁克论管理精华 People and Performance	37	下一个社会的管理 Managing in the Next Society
17 ☆	认识管理 An Introductory View of Management	38	功能社会：德鲁克自选集 A Functioning Society
18	德鲁克经典管理案例解析（纪念版）Management Cases (Revised Edition)	39 ☆	德鲁克演讲实录 The Drucker Lectures
19	旁观者：管理大师德鲁克回忆录 Adventures of a Bystander	40	管理（原书修订版）Management (Revised Edition)
20	动荡时代的管理 Managing in Turbulent Times	41	卓有成效管理者的实践（纪念版）The Effective Executive in Action
21 ☆	迈向经济新纪元 Toward the Next Economics and Other Essays		注：序号有标记的书是新增引进翻译出版的作品